知る 探る 究める

東の
クティブ
ラーニング!!

◆クイズ研究部

◆鉄道研究同好会

◆20年後の履歴書

◆アメリカAL

アーチェリー 野球
チアダンス サッカー
水泳 硬式テニス
コーラス 茶道
美術 理科研究
競技数学 書道
⋮

研究論文
ジョブコンテンツ
栄東読書100選
ブックマイスター
ビブリオバトル
⋮

◆地歴AL

発想力 論理力
創造力 思考力
表現力 読解力
⋮

◆京都AL

◆オーストラリアAL

AL

クラブ

キャリア

教科

校外・校内

◆校外ALin三宅島

京都AL
河口湖AL
奥武蔵AL
信州AL
⋮

栄東中学・高等学校

〒337-0054 埼玉県さいたま市見沼区砂町2-77（JR東大宮駅西口 徒歩8分）
◆アドミッションセンター TEL：048-666-9200 FAX：048-652-5811

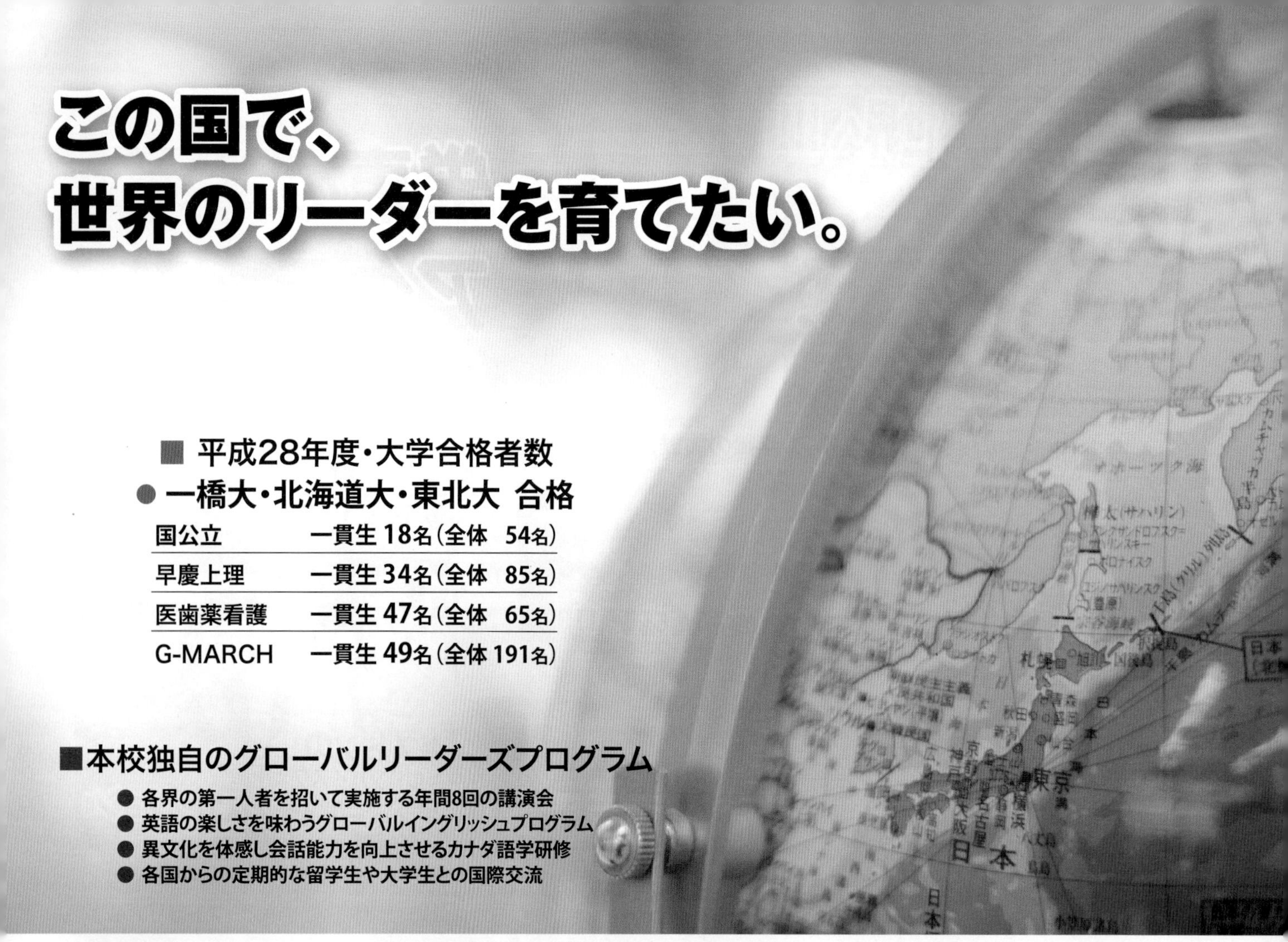

この国で、
世界のリーダーを育てたい。

■ 平成28年度・大学合格者数

● 一橋大・北海道大・東北大 合格

国公立	一貫生 18名	(全体 54名)
早慶上理	一貫生 34名	(全体 85名)
医歯薬看護	一貫生 47名	(全体 65名)
G-MARCH	一貫生 49名	(全体 191名)

■本校独自のグローバルリーダーズプログラム

- 各界の第一人者を招いて実施する年間8回の講演会
- 英語の楽しさを味わうグローバルイングリッシュプログラム
- 異文化を体感し会話能力を向上させるカナダ語学研修
- 各国からの定期的な留学生や大学生との国際交流

クラス概要

「グローバルエリート(GE)クラス」

東大をはじめとする最難関大学への合格を目指すことはもちろん、「世界のリーダーを育てたい」という開校以来の理念を実現するクラスです。

「グローバルスタンダード(GS)クラス」

難関大学合格を目指すと同時に、世界を舞台に幅広く活躍できる人材を育成する、従来の「世界標準」のクラスです。

ナイト説明会

両日 19:00～20:00

8月30日(火) 会場 春日部ふれあいキューブ (春日部駅西口より徒歩3分)

9月20日(火) 会場 越谷コミュニティセンター (南越谷駅より徒歩3分)

学校説明会

全日程 10:00～12:00

10月30日(日) ＊体験授業

11月26日(土) ＊入試問題解説会

12月10日(土) ＊入試問題解説会

授業見学日

(個別相談可)

10月 1日(土) 10:00～12:00

小学5年生以下対象説明会

12月18日(日) 10:00～12:00

事前申し込み不要です。日程は予定ですので、HPなどでご確認のうえ、ぜひお越し下さい。
春日部駅西口より無料スクールバスを開始1時間前より運行します。

29年度 中学 入試日程

第1回 1月10日 総合選抜入試 【午前4科・午後4科】

第2回 1月11日 総合選抜入試 【午前2科/4科・午後4科】

第3回 1月15日 総合選抜入試 【午前2科】

第4回 2月 4日 総合選抜入試 【午前4科】

春日部共栄中学校

〒344-0037 埼玉県春日部市上大増新田213 ☎048-737-7611
東武伊勢崎線春日部駅西口からスクールバス(無料)で7分
http://www.k-kyoei.ed.jp

早稲田アカデミー 中学受験を決めたその日から

サクセス12

今月号の表紙

写真◉Ushico

CONTENTS

歴史や構造を知ると、駅がもっとおもしろくなる！

電車を乗り継いで出かけるとき、自分がいつも利用する〝駅〟であれば、スムーズに乗り換えることができると思います。でも、それが地上と地下を合わせて8路線が交差する渋谷駅だったらどうでしょうか。あなたは迷わずに乗り換えたり、めざす出口にたどりついたりする自信はありますか？ 久しぶりに訪れた渋谷駅で迷ったのをきっかけに、建築家の立場から〝駅〟の構造や乗降客の流れについて研究を始められた昭和女子大学生活科学部の田村圭介准教授に、「渋谷駅の歴史とおもしろさ」についてうかがいました。

Bを上から見ると…

上から、埼京線プラットホームへ行くための連絡橋、山手線プラットホーム、一番下が東横線と副都心線プラットホーム。いずれも渋谷川と平行にプラットホームがあるので、向きが揃っていてきれい。

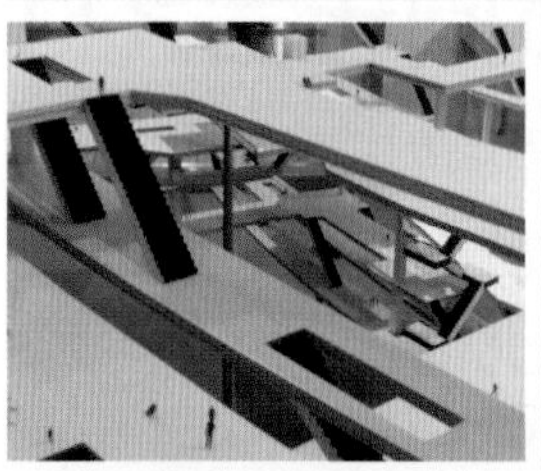

Aを奥から見ると…

一番上の銀座線のプラットホームから一番下の東横線と副都心線のプラットホームまでを一望できる。

1 東京メトロ銀座線　2 東京メトロ半蔵門線
3 東京メトロ副都心線
4 2013年3月16日に移転した東急東横線
5 東急田園都市線　6 JR山手線　7 JR埼京線
8 京王井の頭線　9 ハチ公改札

渋谷駅の模型をつくったら駅の構造と人の流れが見えた!?

2013年に東急東横線が地下5階に移転した後の渋谷駅を100分の1のサイズで表現したもので、模型の奥行きは約7メートル、幅は約3メートルもあります。ただし、高さについては作業しやすいのと空間を認知しやすいように、あえて50分の1サイズにしました。

「"自分たちが解明した渋谷駅の構造を目に見える形にしたい"とはじめた模型づくりですが、完成したことにより、渋谷駅を利用する人の流れも見えるようになりました」と田村先生。

Shibuya Station

約130年かけて現在のカタチになった渋谷駅

人が往来する谷越えルートとして開発

谷を越えるために橋をかけたのが、渋谷の発展のはじまりです。谷越えの道は鎌倉時代から利用されていました。

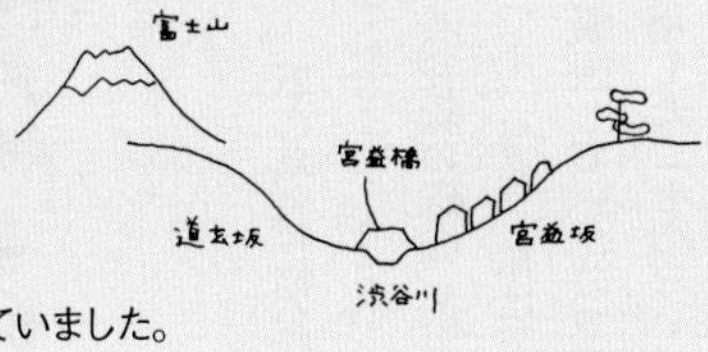

1900

1900年代はじめにターミナル化がスタート

1885年、渋谷に初めて鉄道（現在の山手線）が通りました。その後、1900年代になると、玉川電気鉄道（玉電）が開通し、また東京市電が渋谷まで延びたことで、乗り換えをする人が増えました。

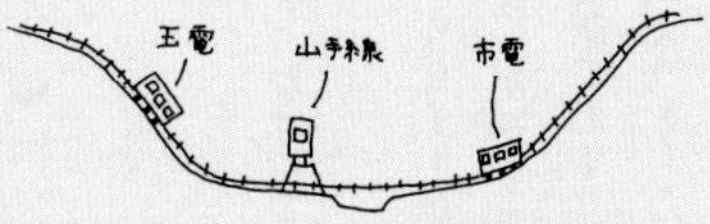

1930

1930年ごろにはすでに5路線も!

1920年、渋谷駅の場所が現在の位置に移転しました。山手線は高架となり、玉電や市電も渋谷駅舎周りで立体交差を始めました。その後、1927年には東横線（現在の東急東横線）、1933年には帝都電鉄渋谷線（現在の京王井の頭線）が開通し、渋谷駅には5路線が集まりました。

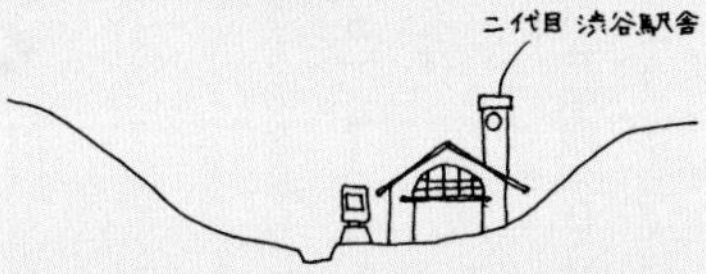

1938

地下鉄が地上3階を走るようになった1938年

1934年、渋谷川をまたぐかたちで鉄筋コンクリート造りの7階建ての東横百貨店が誕生しました。1938年に開通した東京高速鉄道線（現在の東京メトロ銀座線）は、地下鉄でありながら東横百貨店の3階相当の場所にホームを設置することで渋谷の谷を横断しました。

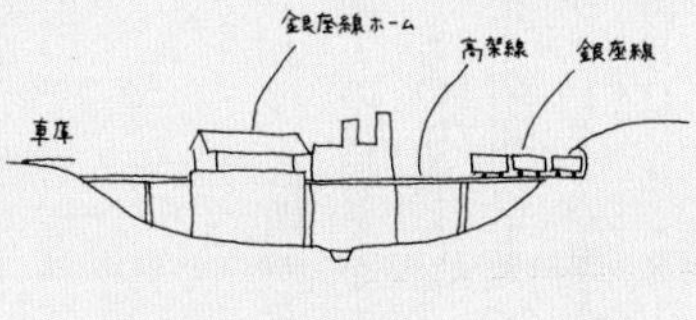

1977

渋谷駅に地下ホームが誕生した1970年代後半

1977年には、現在の田園都市線が地下鉄として再整備されました。1978年には現在の東京メトロ半蔵門線が通り、田園都市線との相互乗り入れ運転を開始しました。

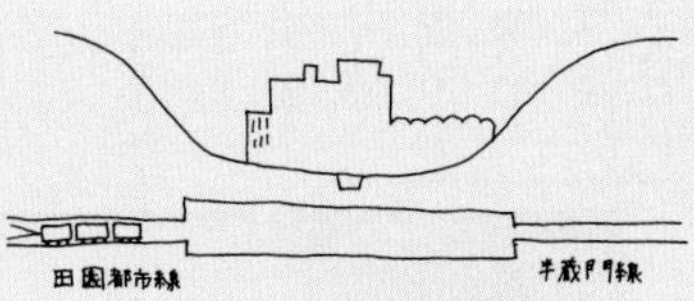

2008

新たな路線を地下化することで現在の渋谷駅へ

2008年、渋谷川のはるか下にあたる地下5階に東京メトロ副都心線が開通しました。さらに2013年3月には東急東横線が地下化し、副都心線との相互乗り入れがはじまりました。

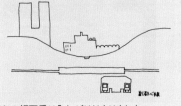

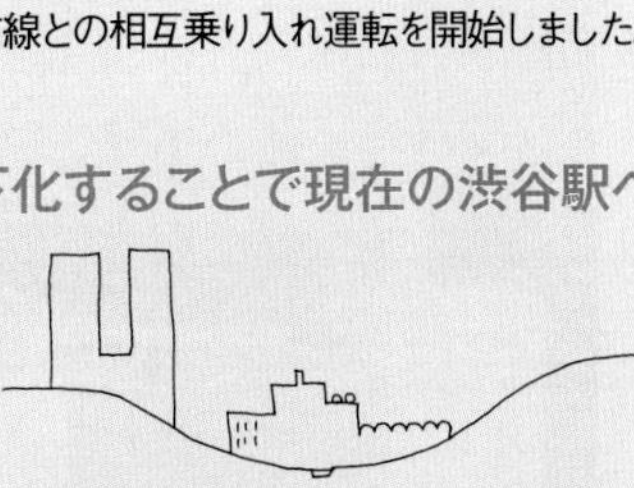

一日250万人以上が利用する渋谷駅

渋谷駅は地上3階・地下5階建てのターミナル駅で、東京メトロ（銀座線・半蔵門線・副都心線）と東急（東横線・田園都市線）、JR東日本（山手線・埼京線）、京王（井の頭線）の4社8路線が乗り入れています。その8路線を利用する乗降客数は、一日なんと250万人以上！ これは、京都府全体の人口にも匹敵するほどの数です。

渋谷駅が複雑な理由は2つある!

渋谷駅で迷ってしまったり、乗り換えがスムーズにいかなかったりするのには、大きく2つの理由があります。

1つ目は、駅が立体的な構造になっているからです。これは、渋谷駅のある場所が“谷”になっていて、そこに“渋谷川”が流れている、という「地理的な要因」によるものです。渋谷近辺に鉄道を走らせる方法は3つあります。①“渋谷川”と平行にする方法、②川の上を通す方法、③川の下を通す方法です。東京メトロ銀座線は②、東京メトロ副都心線と東急東横線は③というように、いくつもの会社が違う方法を選んだ結果、渋谷駅は地上3階、地下5階という立体的な構造になったのです。

もう1つは、駅に人が多いからです。これは、渋谷駅では、都心と郊外をつなぐ私鉄路線が複数接続していて、非常に多くの人がさまざまな路線に乗り換えをし、また渋谷の街を訪れる人の多くも駅を利用するからです。これは「社会的な要因」といえます。なお、この「社会的な要因」は他のターミナル駅も同じで、たとえば新宿駅は渋谷駅よりもさらに多い360万人以上の人々が利用しています。

田村先生、渋谷駅で迷わない方法を教えてください!

人は、大きく“空間把握ができる人”と“空間把握ができない人”に分けることができます。街のなかを歩く場合、“空間把握ができる人”はほとんど迷うことはありませんが、“空間把握ができない人”はたとえ地図を手にしていても迷うことがあるようです。このように言うと、「渋谷駅構内で迷ってしまうのは“空間把握ができない人”」と思われるかもしれませんが、意外にも迷うのは“できる人”なのです。というのも、“できる人”は自分の感覚に自信があるため、案内板を見ずにどんどん歩いてしまうからです。しかし、立体的な構造の渋谷駅は、頭の中で全体をイメージするのが難しいため、迷ってしまうのです。反対に“空間把握ができない人”は、はじめから案内板の指示通りに歩くので迷わないようです。つまり、「案内板にすべてをゆだねて歩く」、それが、渋谷駅で迷わないための一番のポイントでしょう。

歴史をひも解くことで見えてくる、〝駅のあるべき姿〟

―駅の構造に興味を持ったきっかけについて教えてください

渋谷駅の研究を始めたのは1997年からです。当時、私は留学先のオランダから一時帰国していたのですが、渋谷駅であまり利用したことのない出口から出ようとしたら、歩き慣れていたはずなのに迷ってしまったのです。これにはショックを受けましたね。でも、改めて渋谷駅の全体像を思い出そうとしても、まったく頭に浮かばない…。「建築家として恥ずかしい」、そう思った私は、翌日、渋谷駅に関する資料や書籍を探すために図書館へ出掛け、駅全体がどのような構造になっているかを調べ始めました。

いろいろな資料を見ることで、当時の渋谷駅の構造はおおむね把握することができました。また、その複雑な構造の要因…たとえば地下鉄である東京メトロ銀座線のホームが地上3階にある理由も、渋谷の街そのものが〝谷〟にあるからだとわかりました。さらに「渋谷駅は誕生以来、常に世の中の流れに合わせて変化し続けていて、今もその変化の途中にあるのだ」と気付き、強い興味を覚えました。「渋谷駅が誕生した1885年からの変化を順に追っていくことで、駅というものをさらに理解できるのではないだろうか」。そう思い、渋谷駅の研究をはじめたのです。

―なぜ渋谷駅の100分の1サイズの模型を制作しようと思ったのですか?

まず私は、「渋谷駅の過去」を調べるために、駅の構内図を集めました。図書館で古い雑誌や写真集などから構内図を探し、ない場合は古写真を見ながら自分で作成しました。そして、同じ時代の各路線の構内図が揃えば、それを元に渋谷駅全体がわかるような図面にまとめていったのです。

そんな渋谷駅の変遷がわかる図面が整いはじめると、今度は「もっとわかりやすい形にしたい」と考えるようになりました。そこで2006年、私は研究室の学生たちと一緒に、当時の渋谷駅の模型をスチレンボードや木材などを使ってつくりあげたのです。完成までには約3か月かかりました。

しかし、問題がありました。1つは、その模型の大きさが2メートル四方にもなったことです。また、私がつくりたかったのは1885年に初めて誕生した駅舎から現在まで、計24個の模型です。すべてつくるのにどれほど時間がかかるのか、また、できた24個もの模型をどこに置くのか…。「これ以上つくるのは難しい」、そう思った矢先の2009年、昭和女子大学環境デザイン学科に3Dプリンターが導入されたのです。そして、その3Dプリンターに渋谷駅のデータを入れると、複雑なものでも48時間で4000分の1サイズの模型（20センチ四方）がつくれることがわかりました。

早速、私は3Dプリンターを使って過去から現在までの24個の渋谷駅を制作。そして2010年のイベントで9個の模型を展示し、2011年春には『渋谷駅体展　うつりかわり―渋谷駅の変遷』と題したイベントで24個すべてを展示したのです。

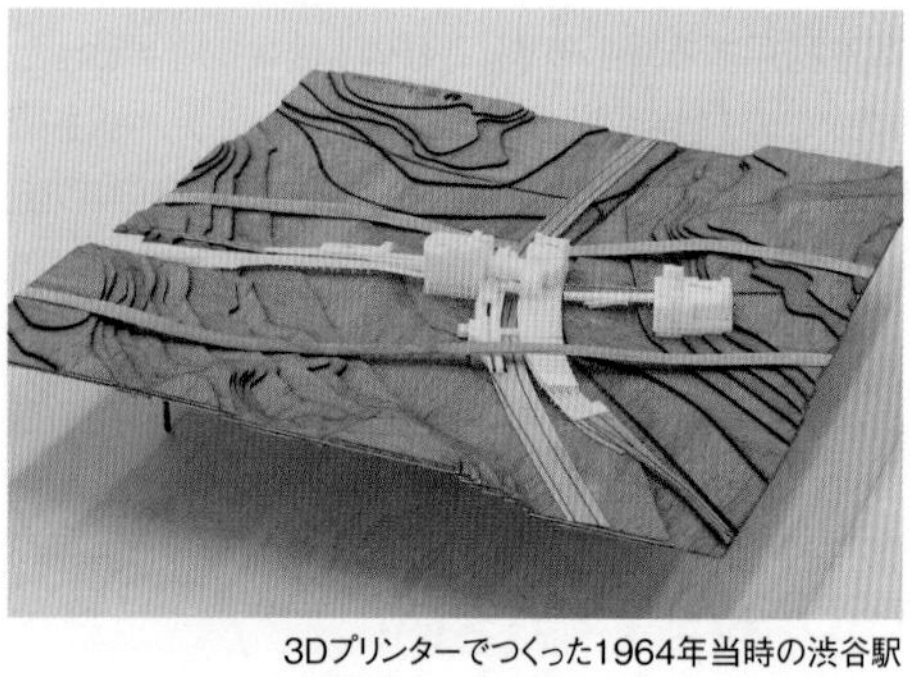
3Dプリンターでつくった1964年当時の渋谷駅

2011年秋の『渋谷駅体内展　立体迷路　渋谷駅の解剖』と題したイベントでは、初めて渋谷駅〝構内〟の変遷についての展示を行いました。このとき話題になったのが、アクリル板やベニヤ板をレーザーカッターで切り出してつくった渋谷駅構内（2011年当時）の500分の1サイズ模型です。そして、渋谷駅構内の様子をより知っていただくために制作したのが、2013年夏に『渋谷駅体得展　1／100模型で渋谷駅の世界を知る』で展示した100分の1サイズの模型（2013年当時）です。自分が普段使っているルートが一目でわかるからか、お客様の反応もとてもよかったです。それ以降、マスコミの方々にも注目していただき、問い合わせも増えましたね。

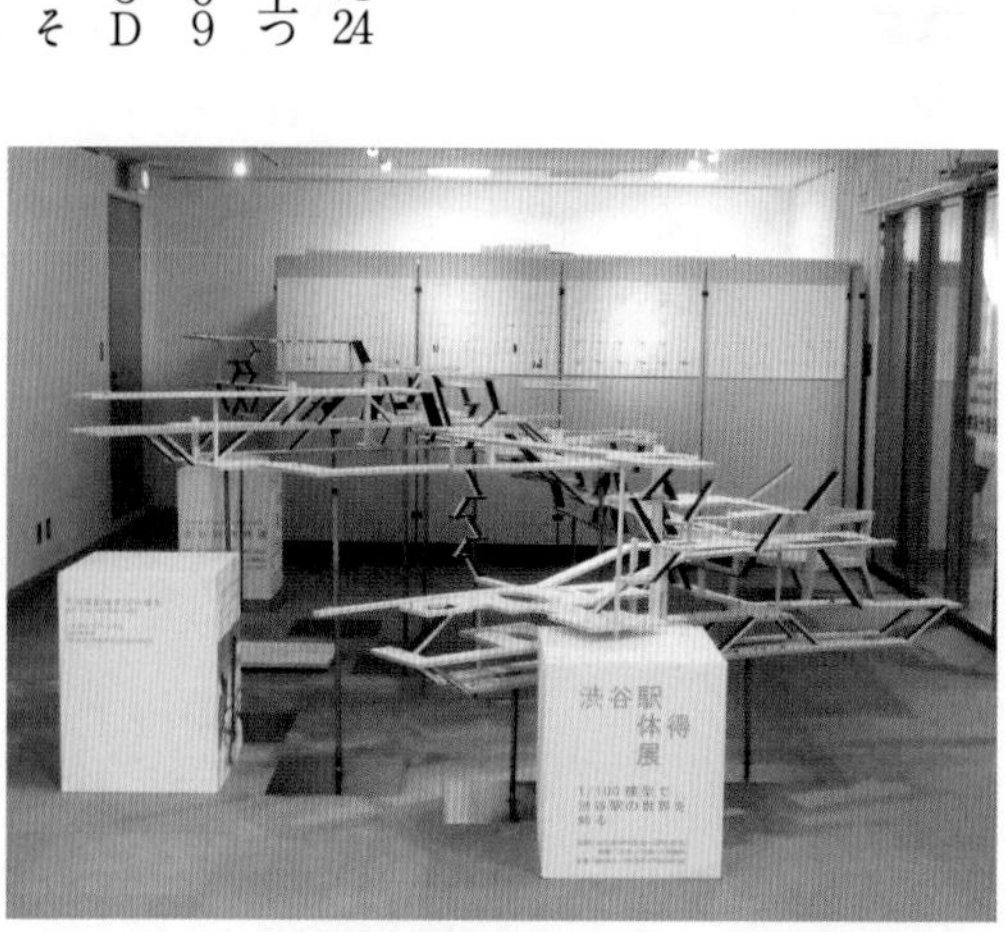

『渋谷駅体得展 1／100模型で渋谷駅の世界を知る』

――過去から2013年までの渋谷駅の変遷を形にされたことで何がわかりましたか？

1885年に誕生した渋谷駅は、渋谷川沿いの〝谷〟につくられた貨物列車用の駅でした。開業初日の乗降客数はゼロだったようです。そんな渋谷駅も、時代が進むにつれて郊外と都心を結ぶターミナル駅となり、増築に増築を重ね、その形を何度も変えてきたことがわかりました。また、現在の渋谷駅がゲームの〝ダンジョン（地下迷路）〟に例えられるほど複雑なのは、〝谷〟と〝川〟という地理的な理由によるものであることも理解できました。

――『新宿駅はなぜ1日364万人をさばけるのか』という本も書かれていますが、新宿駅と渋谷駅では構造や人の流れ方に違いはありますか？

新宿駅の構造は地上2階・地下7階で、このなかをJRや東京メトロ（丸の内線）、都営地下鉄（新宿線、大江戸線）、小田急線、京王線が通るターミナル駅です。しかも、1日の乗降者数は渋谷駅よりも多い360万人以上。この乗降者数は世界各国にある〝駅〟のなかでもっとも多く、2011年には「1日364万人の乗降客数をこなす駅」として『ギネス世界記録』の認定を受けているんですよ。

ただ、新宿駅はゆるやかな丘状の土地にあり、基本的にはホーム全体が見渡せるようになっているので、渋谷駅よりはわかりやすいのではないでしょうか。ただし、新宿駅の場合は人の多さが目にはいってしまい、それだけで自分の居場所がわからなくなる人もいるようです。

新宿駅も渋谷駅同様に多くの案内板が用意されていますので、感覚に頼らずに案内板通りに進むのが良いでしょう。

――今後、ターミナル駅はどのように変化していくと思われますか？

渋谷駅だけでなく、新宿駅も東京駅も時代の流れにあわせ、「より使いやすい駅」「より乗り換えやすい駅」を目指して変化し続けると思います。

ただし、いずれの〝駅〟もこれからの変化は今までの「多くの人をさばく」ではなく、少子高齢化や人口減少にどう対応していくかがポイントになると考えています。巨大化した〝駅〟が人口減少にどのように対応していくのか、しっかりと見守っていきたいと思っています。

――今、興味を持たれている研究テーマはありますか？

ひとつは、新しい〝駅〟の形の提案です。渋谷駅や新宿駅、東京駅などの研究を通じて感じたのが、「もしも大災害が起きた場合、はたしてこれだけ多くの人の安全を確保できるのだろうか」という問題でした。乗降する人がすみやかに、安全に駅の外へ出るために、建築家の立場から何か新しい提案ができないだろうか、今、それを模索しているところです。

また、機会があれば関西の〝駅〟、たとえば大阪駅（梅田駅）にチャレンジしたいですね。

――子どもたちへ将来に向けてのメッセージをよろしくお願いいたします

私は子どものころ、アリが巣から出入りするのを見ているのが好きでした。地上からはアリ1匹が通れるだけの小さな入口しか見えないのに、その下にはいくつもの通路や部屋があり、それこそどこまでも広がる〝ダンジョン〟があったからです。「どんな風に広がっているのだろうか」「アリは巣のなかで迷わないのだろうか」、そんなことを考えながら、いつまでも眺めていたものです。

私が今、駅に対して感じている興味は、まさにあのときと同じようなものです。世のなかのさまざまな出来事やモノについて、「どうしてそうなっているの？」「もっとこうしたらどうだろうか？」と疑問を持つと、そこから世界が広がり、新しい発見へとつながっていくのではないでしょうか。興味を持つことはどんなことでもかまいません。常にいろいろなことに関心を持ち、「どうして？」と考えてみてください。そうすればきっと、大人になったときに、幅広い知識を持ちながらも、ひとつのことを追求できる〝人〟になれるはずです。

田村 圭介氏
昭和女子大学　生活科学部
環境デザイン学科　准教授。
一級建築士。
1970年生まれ。1993年3月、早稲田大学理工学部建築学科卒業。1995年3月、早稲田大学大学院理工学研究科建設工学（建築）専攻修了。1998年7月、ベルラーヘインスティテュートアムステルダム（オランダ）の修士課程を修了。その後、建築設計事務所勤務を経て、2003年4月、昭和女子大学に着任、現在に至る。主な著書は『迷い迷って渋谷駅　日本一の「迷宮ターミナル」の謎を解く』（光文社）、『東京駅「100年のナゾ」を歩く』（中公新書ラクレ）、『新宿駅はなぜ1日364万人をさばけるのか』（SB新書・共著）など。

田村さんが
今後きわめたいことは…

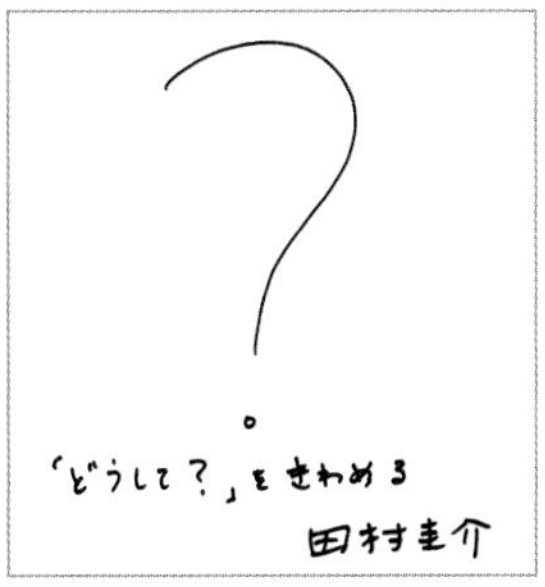

『迷い迷って渋谷駅 日本一の「迷宮ターミナル」の謎を解く』
著者／田村圭介、発行元／光文社

INFORMATION

P4下の渋谷駅の100分の1の模型を見に来ませんか？ 9月25日（日）まで、六本木の「21_21 DESIGN SIGHT」で開催されている「土木展※」に展示されています！

※休館日／火曜日
開館時間／10:00 -19:00
入 場 料／一般1,100円、中学生以下無料

Premium school

駒場東邦中学校

KOMABATOHO Junior High School

東京／世田谷区／男子校

自主独立の気概を持ち
科学的精神を培う教育

京王井の頭線「駒場東大前駅」、東急田園都市線「池尻大橋駅」。どちらの駅からも徒歩約10分という交通至便な場所であり、かつ閑静な住宅・文教地区に位置する駒場東邦中学校・高等学校。来年で創立60周年を迎えようとしている完全中高一貫教育の男子校です。自由な校風のもとで高い学力と豊かな人間性を兼ね備えた人材の育成を目指す駒場東邦の教育をご紹介します。

KOMABATOHO Junior High School

駒場東邦中学校

所在地：東京都世田谷区池尻4-5-1
交　通：京王井の頭線「駒場東大前駅」、
東急田園都市線「池尻大橋駅」徒歩10分
生徒数：男子のみ720名
T E L：03-3466-8221
U R L：http://www.komabajh.toho-u.ac.jp/

2016年度入試結果

募集人員	240名
受験者数	589名
合格者数	278名

選抜方法　筆記試験（国語・算数・社会・理科）

多感な6年間で成長する
駒場東邦の中高一貫教育

駒場東邦中学校・高等学校は、1957年（昭和32年）に当時の東邦大学理事長・額田豊博士と元都立日比谷高等学校校長・菊地龍道先生によって創立されました。

「資源のない日本では、頭脳の資源化こそが急務である」との考えから、自主独立の気概と科学的精神を持つ次代のリーダーとなる人材の育成を教育理念としています。教育理念の実現のため、創立当初から中学校と高等学校の6年間が一体となった中等教育の必要性が唱えられていました。そして1971年（昭和46年）以降は高校入試を停止し、現在まで完全中高一貫の男子教育が実施されています。

中学校に入学した13歳前後から高校を卒業する18歳までは、非常に多感な時期です。駒場東邦では、この6年間の中等教育の期間で人格を形成していくことが重要だと考えています。生徒は一人ひとりが異なる資質や特性など、様々な潜在的能力を持っていること。発達段階にふさわしい生活や活動を十分に経験することが重要であること。各人が成長に伴って視野を広げ、認識力を高め、自己探求や他者とのかかわりを深めることが大切であること。駒場東邦の教育は、こうした視点から構築されています。

特に、身体感覚を伴う多様な経験を積み重ねていくことが、生徒たちの発達に不可欠ととらえています。カリキュラムや授業内容を工夫するというような勉強面での経験はもちろん、学校行事やクラブ活動への積極的な参加を勧め、様々な機会を通じていろいろな経験をすることにより、生徒の個性を伸ばしていきます。

6年間の前半の3年間は、保護者と教職員が連携し、生徒が基本的な生活習慣や学習方法などを身につけられるようにサポートし、そして後半の3年間で自ら考え行動できる力を育めるように工夫がなされています。卒業後の将来において、自分がやりたいことを実行に移すことのできる総合力を、駒場東邦での6年間で身につけることを目標としています。

受け継がれる
駒場東邦の3F精神

駒場東邦では、2代目校長である高山政雄先生が提唱された「3F精神」が合言葉として語り継がれ、日々の活動の原動力となっています。3Fとは、「Fair play」「Friendship」「Fighting spirit」のこと。この3つのFは、生徒たちが自ら考え、判断し、行動するにあたっての基準となり「紳士たれ」というメッセージとして伝統的に受け継がれています。

この「3F精神」を根幹に、学校生活は他者との共生が基本であり、集団のなかでルールやマナーを守ることの大切さが培われます。そして、こうした精神は駒場東邦の目指す「自主独立」の精神の育成にもつながるのです。

「自主独立」の精神を大切にする駒場東邦では、生活指導も生徒の自主的な判断が尊重されています。学校からの規制がなくとも、部活動や各種学校行事をとおして先輩の姿を見ることで、自分がどう行動し判断すべきなのかを自然に学んでいきます。こうした学校文化には、「学校の主人公は生徒である」という信念のもと、生徒が自分で判断して行動する力をつけてほしいという学校の願いが表れています。

少人数授業による丁寧な指導が魅力

中学は1クラス40名の6クラス編成、高校は1クラス48名の5クラス編成です。教科指導では、「自分で考え、答えを出す」習慣をつけることが目指され、独自カリキュラムと工夫の凝らされた授業内容が魅力です。

生徒の深い理解を目標とした丁寧な学習指導の一環として、いくつもの科目で分割授業が実施されています。例えば、中学の数学や英語などでは、1クラスをふたつに分けた分割授業を実施。20名という少人数により、生徒一人ひとりに対応するきめ細かな指導が実践されます。さらに数学などでは、1クラスを2名の先生が担当することもあります。このように、生徒の学習状況を細かに把握する指導体制が整えられています。

科学的・合理的な考え方を培うために、理科実験が重視されているのも特徴的です。実験を伴う理科の授業でも、少人数授業は取り入れられています。9つの実験室を活用し、少人数で行うため、生徒全員が自分の手と目を駆使して観察・実験に取り組むことができます。こうした体験は、幅広い視野からの科学的な考え方を学ぶ機会となっています。

理数教育とともに、全ての学力の基礎は国語力にあるという考えから、国語教育も充実しています。中1では、読解に加えて漢字・文法・国語表現を中心とした独自科目を設定。また、中1から独自テキストによる古典学習を開始し、古典に親しんでいきます。

独自に編集された「読書生活の記録」を使用した読書指導も行われています。蔵書数6万6000冊という図書館を活用し、丹念な読書指導を6年間にわたって継続していくことで、豊かな人間性が育まれていきます。

広い視野を育み将来を見据える

駒場東邦では、大学進学後、そして社会に出てからも活かせる基礎教養を幅広く身につけることを重視しています。5年（高2）までは文系・理系といった分け方をせず、バランスよく学習し、6年（高3）でそれぞれの進路に応じた演習中心の授業が受けられるカリキュラムとなっています。

進路指導については、大学進学だけでなく、その先の将来を見据える広い視野を育むことで、しっかりと自分の進路と向きあうことが目標とされています。保護者やOBから職業観について話を聞く機会が設けられるなど、駒場東邦のキャリア教育では、生徒が自分の将来について考える様々なきっかけが用意されています。

大学受験においても、先輩の「合格体験記」を読んだり、実際に先輩たちから受験の経験、時には失敗談も含めて話をしてもらうなかから、受験への具体的なイメージをつくり、進学への心構えを養っ

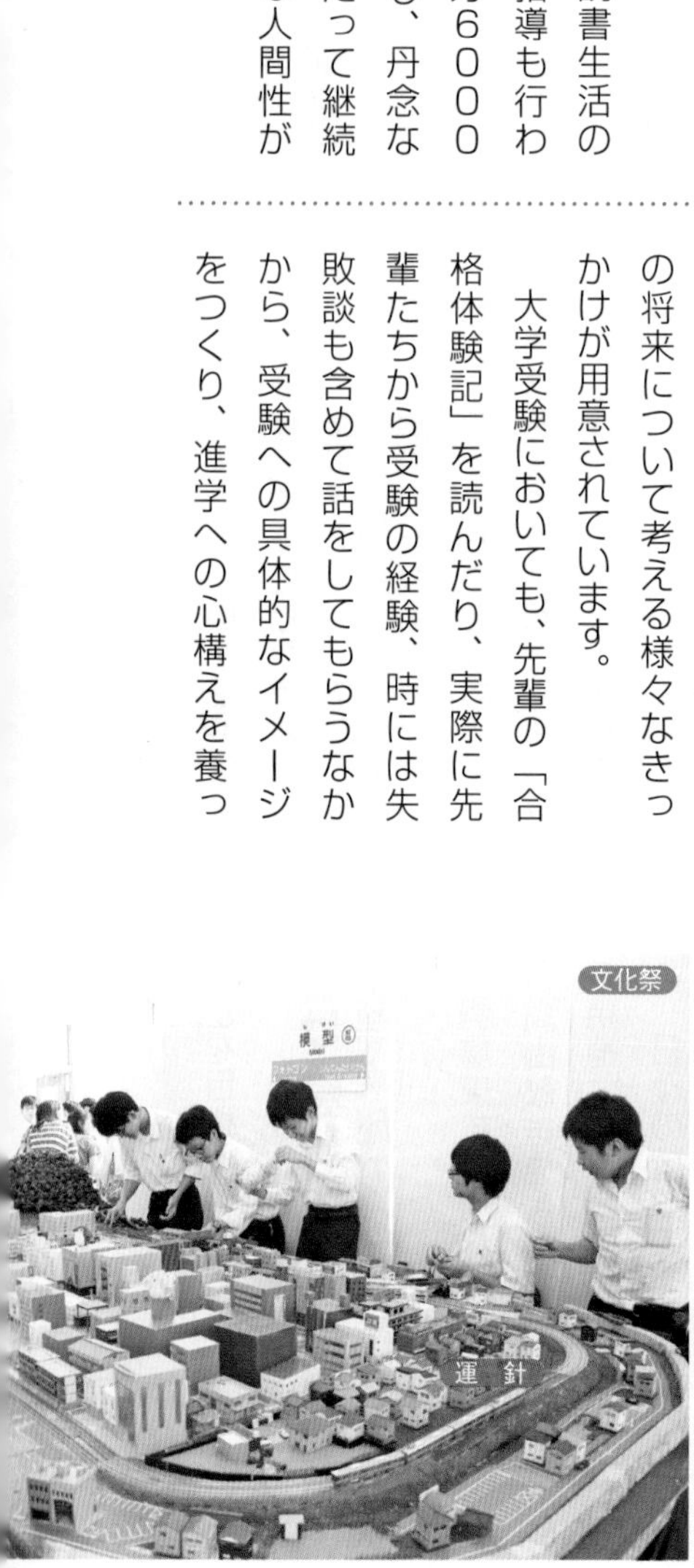
文化祭

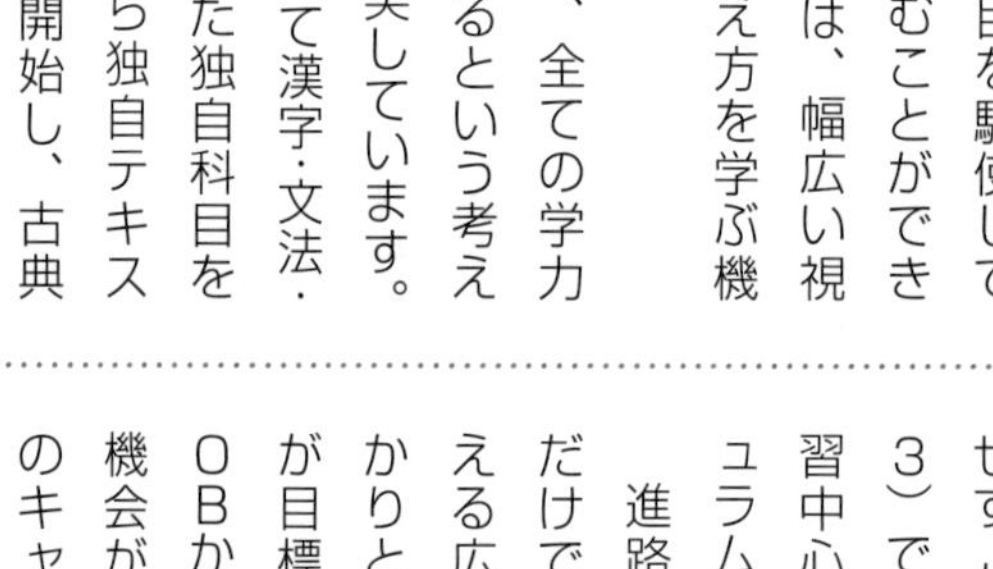
マラソン大会

体育祭

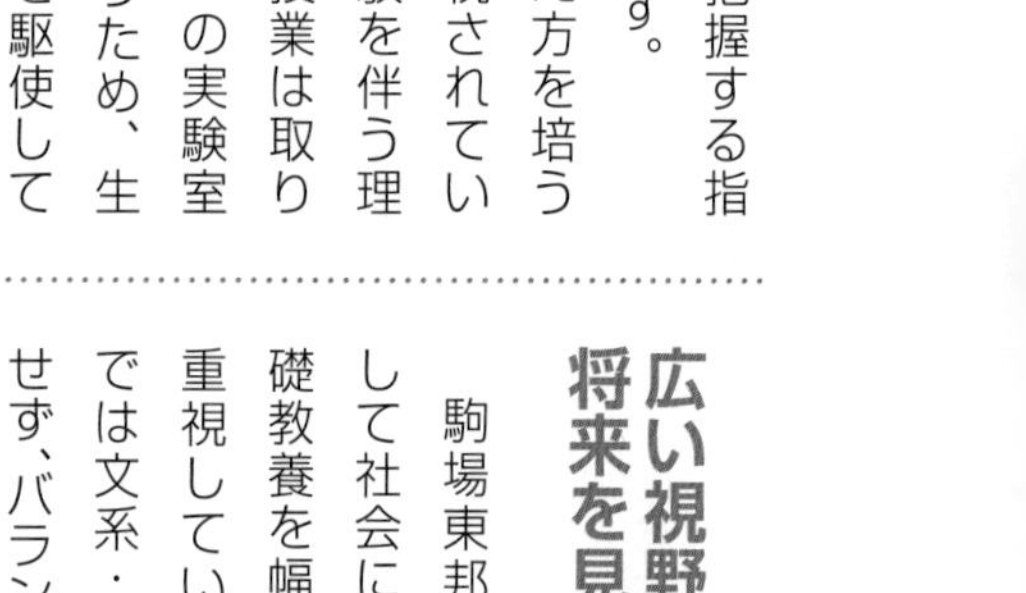
林間学校（中1・霧ヶ峰）

ていきます。

こうした進路教育の成果は大学合格実績にも表れ、国立大を中心に多くの難関大学に合格者を輩出しています。例えば、東京大の場合、２０１６年（平成28年）には57名が合格しています。また学部別では志願者の多い医学部・歯学部に国公私立大合計で２０１６年に91名が合格を果たしています。生徒個々人の優れた資質のもと、高い学力を培い、強靱な意志力によって希望を実現させる駒場東邦の進路指導の賜物《たまもの》といえるでしょう。

広く世界に目を向けた駒場東邦の国際交流

駒場東邦では、交換留学生基金が設けられ、国際交流に役立てられています。アメリカの私立スティーヴンソン校との約１カ月半の交換留学は30年以上の歴史があり、また２０１２年度（平成24年度）からは台湾の名門校、國立臺南第一高級中學との間でも交換留学が始まりました。交換留学は、現地でホームステイをして、かわりにパートナーの生徒を今度は日本に連れて帰ります。参加できる人数は多くはありませんが、帰国後には報告会を行うなど、仲間に自身の体験を伝え、共有することにより、他の生徒も国際的な視野と教養を育むことができます。

広く世界に視野を広げることを心掛けている駒場東邦では、多くの卒業生が国際的な場で活躍しています。昨年８月に平野勲校長先生がアメリカ東海岸の大学視察に渡米した際、ニューヨークで活躍している８名の卒業生と再会できたそうです。平野校長先生は、「彼らとの会話から、私の感じたリーダー像に関するキーワードは、『自分で判断し自分の頭で考えること』『自信と勇気があること』『チームワークの重要性』『世界中の誰とでも仕事ができるコミュニケーション能力』『日本人としてのアイデンティティー』、そして『駒場東邦で一生の友人を得ることができたこと』などです。ニューヨークで出会った卒業生たちは、目を輝かせてそれぞれの仕事に自信を持っているように感じました」と話されました。

「余白を埋めてください」という学校のメッセージ

駒場東邦の学校案内は、中央に校舎を描いたイラストと校名があるだけで、その周囲には何も印刷されていない余白部分が印象的なデザインです。これは、「みなさんで、この余白を埋めてください」という学校からのメッセージが込められているのだと、平野校長先生は語ります。

そしてこのメッセージは、中学入試の問題にも共通するものだそうです。習った知識や記憶したことを答案用紙に書くのではなく、与えられた条件のなかで自分で考えて「余白を埋めよう」と努力できる能力を入学試験で問いかけているのです。

入試では記述型の解答を求める問題が多いのですが、たとえ完全な解答ではなかったとしても、受験生がどう考え工夫したかを丁寧に見て採点されます。高い知性と豊かな人間性を育むことを目指す駒場東邦の教育は、入学試験から始まっているのです。

奈良・京都研究旅行（中3）

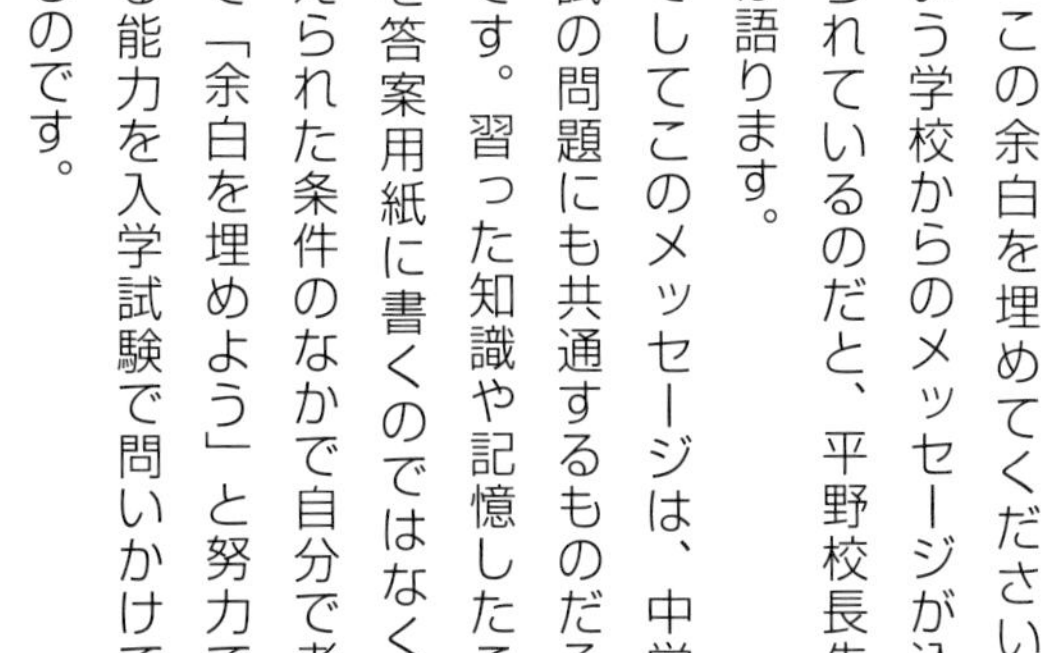
冬季スポーツ体験教室（中2・中3希望者）

武道寒稽古（中2）

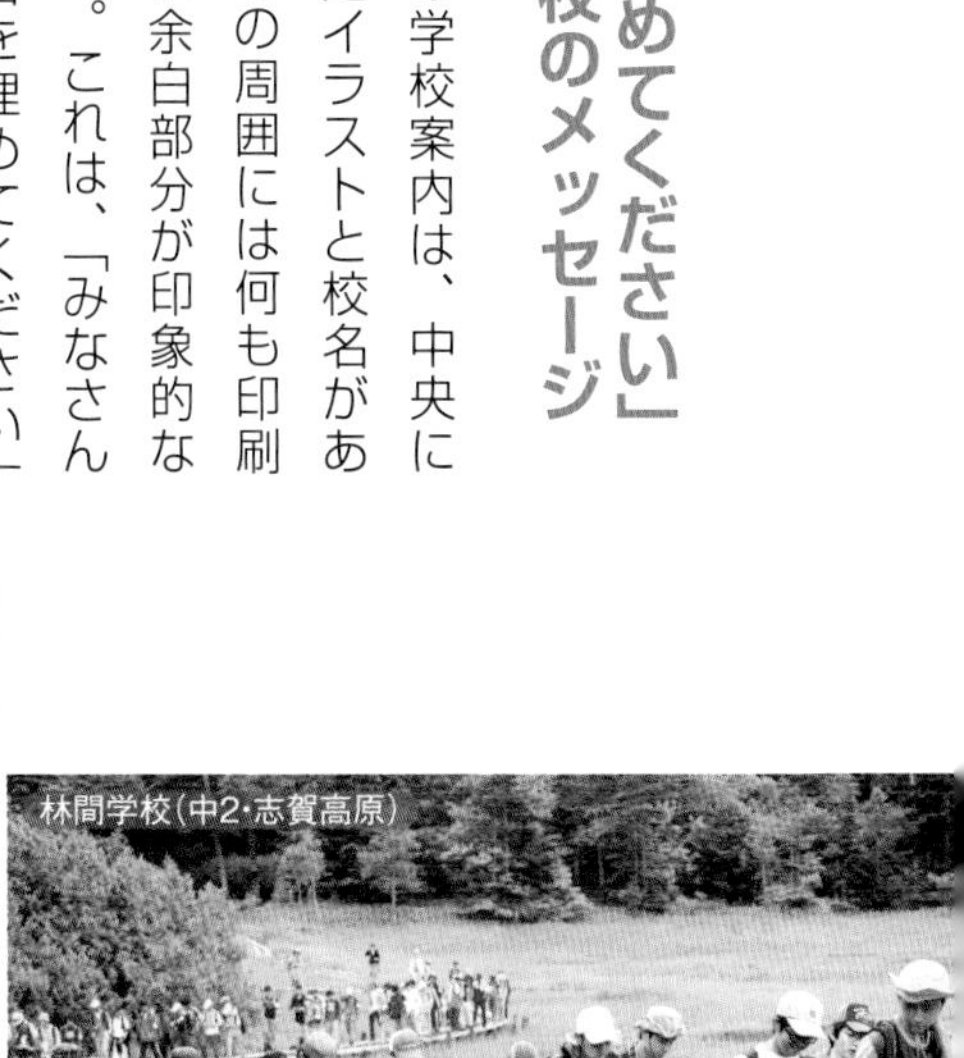
林間学校（中2・志賀高原）

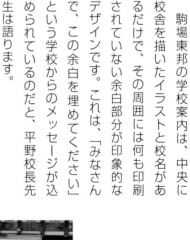

校長先生インタビュー

interview

豊かな人間性と科学的知性に裏づけされたリーダーを育てる教育

駒場東邦中学校
平野《ひらの》　勲《いさお》　校長先生

全人格的な成長を促す環境を大切にしている

【Q】御校の教育理念ならびに教育方針についてお願いします。

【平野先生】駒場東邦の教育理念である「頭脳の資源化」をはかり、「自主独立」の精神を持った人材育成に努めています。

具体的には、学力向上をはかるべく中高6年間を有機・系統的に結んだ独自のカリキュラムを編成し、奥が深く幅広い経験値を高めることを目指し、豊富な学校行事や部活動に取り組むなど、全人格的な成長を促す環境を大切にしています。

生徒にはできるだけ本物に触れてほしいと考え、林間学校、企業などでの職業体験など、本物に触れる機会を多く設けるようにしています。

【Q】独自の少人数教育についてはいかがでしょうか。

【平野先生】6つの分割教室と9つの実験室を活用し、数学、英語、理科の実験などで1クラスを二分する少人数教育を実践しています。

情報科、木工などの技術科、調理・裁縫などの家庭科といった実技教科も少人数です。こうした実習では、必ず自分で作業し、それをレポートや作品として完成させる授業を行っています。

【Q】学習指導において、特に留意されている点はどのようなことでしょうか。

【平野先生】中学と高校の枠を取り払った教員と生徒との密接な関係を構築するため、中学と高校では教員を区別していません。

教科書の内容を越えた工夫を凝らした授業に加え、独自の実力試験を行うなど、大学受験にも対応できる学力の養成を目標としています。

駒場東邦の掲げる「自主独立」の精神は、学びの場においても発揮され、生徒たちはお互いに刺激しあって前に進む風土があるといえます。仲間の存在によって、自分のなかに眠っていたものがめざ

室内プール

菊地龍道先生の銅像が立つ小径

PC教室

講堂

図書室

柔道場

めていく。そんな経験をたくさんしてほしいと願っています。

仲間意識が生まれる 駒場東邦の体育祭

【Q】部活動や学校行事など、学校生活についてお話しください。

【平野先生】本校では、部活動や委員会活動、そして体育祭や文化祭といった行事などで、高校生が中学生の面倒を見るといった縦のつながりを大切にしています。これらは、協調性・思いやりの心の育成、多様な個性の尊重、リーダーシップの育成につながっていると感じます。

特に体育祭は、赤、白、青、黄のチームで競われ、ひとりの生徒は6年間ずっと同じ色に所属します。

上級生から下級生へ色ごとの伝統が受け継がれていき、縦のつながりや仲間意識が育まれます。こうした色のつながりは非常に強く、卒業後も続くほどです。

【Q】進路指導で心掛けている点はどんなことでしょうか。

【平野先生】進路指導は、大学進学だけを目標にするのではなく、その先の職業も含め、将来について幅広い視野から指導を行っています。けっして受験勉強に偏ることがないように、部活動や生徒会活動にも5年（高2）の後半まで熱心に取り組むように指導しています。真のリーダーはこのようななかから生まれてくるのではないでしょうか。

また、同窓会が次世代を担う有為な人材育成を目的として設立した「人材育成基金」により、外部講師を招聘《しょうへい》して行う授業、本校卒業生による様々な分野の講演会なども実施し、進路を考えるよい機会となっています。

【Q】中学入試はどのような観点から出題しているのでしょうか。

【平野先生】与えられた条件を活用し、自分の考えを表現してほしいと思います。未知のことや解くことのできない難問に出会った時、どのように取り組み、行動するかを考えてください。

新入生には、本校の自由闊達《かったつ》な校風のなかで、大きく成長していってほしいと願っています。

無料で工場見学

石炭を使った火力発電

アクティ

& おかぽん

が

早稲田アカデミーNN開成クラス理科担当の阿久津豊先生が解説

J-POWER（電源開発）磯子火力発電所に行ってきました！

石炭

私たちの生活に欠かせない電気。J-POWER（電源開発株式会社）は、日本全国で電気をつくり、送っている会社です。J-POWERがつくった電気は私たちの街をはじめ、日本全国に送られています。また、J-POWERは海外でも電気をつくっています。

今回は、J‑POWER磯子火力発電所で、石炭を燃料として使う火力発電の工程を見学しました。私たちが普段何気なく使っている電気がどのようにつくられているのかを一緒に見てみましょう。

高さ200mの煙突

発電の方法

発電にはいろいろな方法があります。石炭や石油などのエネルギー資源が少ない日本では、将来に渡り安定して電気をつくるために、ひとつの発電方法に頼るのではなく、「火力発電」「水力発電」「原子力発電」などのさまざまな方法の特性を活かし、バランスよく組み合わせていくことが大切です。

また、他の発電方法として、近年では、風力発電や太陽光発電などの「再生可能エネルギー」による発電方法が注目されています。

発電方法	使用する燃料など
火力発電	石炭、石油、天然ガスなどの化石燃料
再生可能エネルギーによる発電	水、風、太陽光などの自然エネルギー
原子力発電	ウラン

電気事業連合会HPを参考に作成

＼アクティが解説！／

J-POWER Q&A

Q1 石炭火力発電はどうして必要なの？

国内のエネルギー資源が少ない日本では、発電に使う燃料をバランスよく調達する必要があります。石炭は主なエネルギー資源のなかで最も埋蔵量が豊富で、また、世界中に広く分布しているため手に入れやすく、値段も安定しています。日本の電気の約３分の１（世界の電気の約４割）は石炭火力でつくられています。今後も石炭火力はなくてはならない存在です。

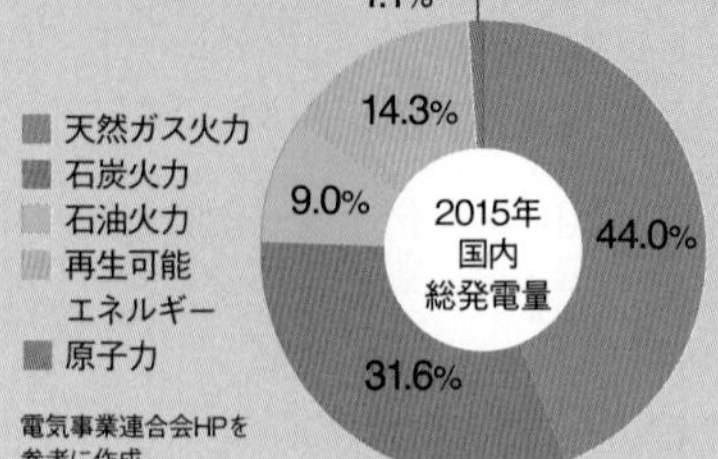

電気事業連合会HPを参考に作成

Q2 石炭火力の煙はどうして黒くないの？

石炭が燃焼するとSOx（硫黄酸化物）、NOx（窒素酸化物）やばいじん（すすや燃えカス）などの環境に悪影響を及ぼす物質が発生します。1970年代の日本では、大気汚染が深刻な問題でした。しかし、その後40年以上にわたる環境対策技術や効率的な燃焼方法の開発。環境への影響を低くする努力により、世界の石炭火力を牽引する存在となりました。現在の日本の石炭火力はSOxやNOxの排出量がきわめて少なく、世界トップレベルを誇っています。

磯子火力発電所では、日本で初めての公害防止協定を横浜市と締結するなど環境対策を徹底しています。

限りなくクリーンな煙だから見えないんだね

Q3 どうやって二酸化炭素を削減するの？

二酸化炭素の排出を削減するには、少ない化石燃料で効率的に発電することが必要です。日本の石炭火力では、世界最高水準の効率で発電しています。もしも日本の石炭火力の最高効率を日本、アメリカ、中国、インドの石炭火力発電所で使ったとすると、日本の二酸化炭素総排出量より多い約15.2億ｔもの二酸化炭素を削減できるという試算があります。

発電効率とは燃焼により燃料から取り出されるエネルギーがどれだけ発電に使われているかを表す指標だよ。J-POWERは日本の平均より更に効率的に発電しているよ

J-POWER 磯子火力発電所での石炭火力発電を見てみよう

海外から輸入される石炭は船で発電所まで運ばれます。

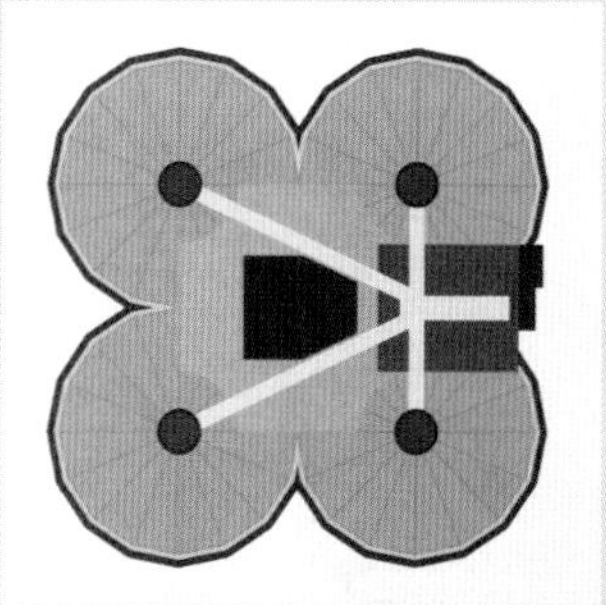

クローバー型石炭サイロ平面図

①石炭を貯蔵

船で運ばれてきた石炭は、クローバー型石炭サイロに貯蔵されます。

クローバー型にすることで、スペースのムダなく石炭を貯蔵できるんだ。4つ合わせて約10万tの石炭を貯蔵できるんだって。

クローバー型石炭サイロ

微粉炭機（模型）

粉状になった石炭

②石炭を砕く

石炭は微粉炭機で粉末状にします。細かく砕くことで燃焼しやすくしています。

タービン

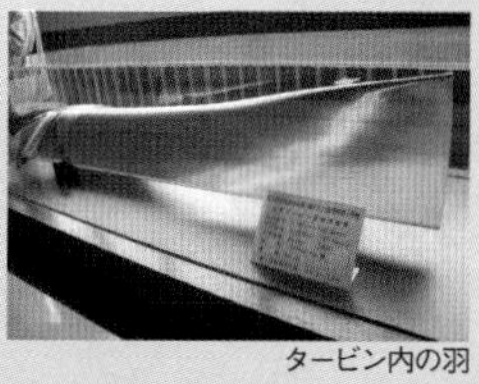

タービン内の羽

④発電

蒸気はタービンに送られ、タービン内の羽を回します。発電機内のローターを回転させることで発電をします。

運転センター

発電に使われた蒸気は復水器で冷却されて水に戻り、再びボイラーに戻されて過熱され蒸気になることで再利用されるんだ。

ボイラー（模型）

ボイラー底部

燃焼中の石炭

ボイラーの中のパイプをつなげると400㎞にもなるんだって

③石炭を燃やす

ボイラーの中には何千本もの細いパイプが通っており、その中を水が流れています。石炭を燃やした熱で、パイプの中の水を過熱することで蒸気をつくります。

1300℃もの熱で石炭を燃焼させるので、ボイラーは熱の力で膨張するんだ。8,000tもの重さのあるボイラーは建物の上部から吊り下げられているよ。

発電した電気は送電線を通ってみんなの家庭に届きます。

新しい発電技術

J-POWERでは、二酸化炭素の排出を更に低減するため、石炭をガスにかえて燃焼させるガスタービン発電と、ガスタービンの排熱を利用した蒸気タービン発電を組み合わせて、高効率で発電するIGCC（石炭ガス化複合発電）という新しい技術の開発に取り組んでいます。

J-POWERの環境対策

❶ 乾式排煙脱硝装置 NOx（窒素酸化物）を無害にします。

ボイラーから排出される排ガスにアンモニアガスを添加して、排ガス中のNOxを無害な窒素と水に分解します。

❷ 乾式排煙脱硫装置 SOx（硫黄酸化物）を無害にします。

活性炭を充てんした脱硫塔のなかに排ガスを通し、活性炭にSOxを吸着させることで、排ガス中のSOxを取り除きます。

❸ 電気式集じん装置 ばいじんを除去します。

装置内にある電極の間にばいじんを含んだ排ガスを通すことで、下敷きをこするとき、静電気でほこりが引き付けられるのと同じ原理により、ばいじんが取り除かれます。

❹ 石炭灰を有効活用します。

石炭を燃焼した後に発生する石炭灰は、セメントの原料として有効利用されます。

INFORMATION

工場所在地／〒235-8510
神奈川県横浜市磯子区新磯子町37-2
TEL. 045-761-0281
見学可能時間／火、木、土、祝（年末年始は休館）※要予約
ホームページ／www.jpower.co.jp
交通／磯子駅東口から横浜市営バス85系統
（南部水再生センター前行）乗車、「ジェイパワー前」下車

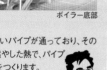

晴れの国おかやまが誇る

岡山城と岡山後楽園《こうらくえん》

1年のうち4分の3が降水量1㎜以下と晴れの日が多い岡山県は、〝晴れの国おかやま〟とも呼ばれています。
三層六階の天守閣を持つ岡山城は、カラスのような黒い外観から「烏城《うじょう》」の別名を持ちます。天守閣が築かれた丘の名前が「岡山」だったことが県名の由来とされています。
岡山後楽園は、金沢市の兼六園《けんろくえん》、水戸市の偕楽園《かいらくえん》とともに日本三名園のひとつに数えらる庭園です。観光地であると同時に、県民からは憩いの場として親しまれており、明るく開放感のある園内では桜や紅葉など季節ごとの花を楽しむこともできます。

聞いてビックリ
知って納得

都道府県アンテナショップ探訪

これまでいくつの都道府県を訪れたことがありますか？ 各都道府県には、まだあまり知られていない名所や習慣が多く存在します。今回は、「とっとり・おかやま新橋館」運営協議会事務局長代理の森文子さんに岡山県の魅力をうかがいました。

「とっとり・おかやま新橋館」
運営協議会事務局長代理
森 文子さん

岡山県マスコット

ももっち
桃太郎をアレンジして誕生した男の子。平成17年から岡山県をPRしています。

うらっち
オニをモチーフにして誕生した女の子。平成22年から「ももっち」と一緒に岡山県をPRしています。

桃太郎伝説

岡山県には、悪事をはたらき村人を困らせていた異国の王子・温羅《うら》を、朝廷から派遣された吉《きび》備津彦命《つひこのみこと》が成敗したという「温羅伝説」が残っており、これが有名な「桃太郎」の原型になったといわれています。また逆に、温羅を、まちに製鉄技術を伝え繁栄に導き、侵略者と戦った英雄とする言い伝えもあります。

お土産売れ筋ランキング

No.1 白桃ゼリー

白桃の名産地岡山県ならではの洋菓子。なかでも特に人気があるのが、みずみずしい白桃ゼリーです。旬にしか味わえない果物のおいしさを1年通じて楽しむことができます。

No.2 きびだんご

上質のもち米に砂糖、黍《きび》、水飴をまぜてつくります。桃太郎伝説が伝わる岡山県だけあって、お土産としてだけではなく、地元の方にはおやつとして親しまれています。

No.3 大手まんぢゅう

特製のこしあんを薄皮で包んだ、風味豊かな酒蒸し饅頭《まんじゅう》。岡山藩の藩主である池田氏のお茶会の席では必ず出されていたといわれます。現在でも、地元の人々に愛され続けており、贈り物としてよく使われています。

岡山県基本情報

面積…… 7,114.50㎢
人口…… 191万6,950人
(平成28年7月現在)
県の木… アカマツ
県の花… モモの花
県の鳥… キジ
県庁所在地… 岡山市

❶倉敷美観地区

倉敷は江戸時代に天領(幕府直轄地)として栄えました。倉敷美観地区と呼ばれるこの一帯には、豊かな商人の町家や白壁の土蔵など当時の美しい風景が残されています。また江戸時代の建物を修理・再生した備前焼のショップや喫茶店なども増えています。そうした倉敷ならではのたたずまいの魅力により、県内一の観光客数を誇ります。

❷特別史跡旧閑谷《しずたに》学校

1670年に岡山藩が庶民教育のために開校しました。庶民の子弟が学んだ学校としては、校舎が現存する日本最古の学校です。屋根瓦が備前焼でできている講堂は国宝に指定されています。秋には「学問の木」とも呼ばれる楷《かい》の木の見事な紅葉が楽しめます。

❸備中《びっちゅう》松山城

1240年に築城され、国の重要文化財に指定されています。天守が現存する山城としては、日本一高いところ(標高430m)にある山城です。雲海が現れると、城が雲の上に浮かんでいるように見えることもあります。

❹蒜山《ひるぜん》高原

蒜山三座《さんざ》(上蒜山、中蒜山、下蒜山)の南裾野に広がる盆地を蒜山高原といいます。夏はサイクリングや乗馬、冬はスキーを楽しむことができます。また蒜山の自然に精通したガイドさんが案内してくれるツアーもとても人気です。

国産ジーンズ発祥の地

倉敷市児島は、日本で最初にジーンズがつくられた町です。農地には適さない土地のため、江戸時代初期に綿作が行われ繊維の街として発展しました。戦前は帯地《おびじ》や足袋《たび》、戦後は学生服などが盛んにつくられました。1965年に国内で初のジーンズが発売され、近年では国産ジーンズ発祥の地として注目されています。

岡山県の特産品

くだもの王国おかやま

岡山県はくだものの生産地としても有名です。桃では、とろけるような味わいを楽しむことができる清水白桃《しみずはくとう》。ブドウでは、果物の女王と呼ばれるマスカット・オブ・アレキサンドリアや大粒で甘く種がないピオーネが、生産量全国1位を誇ります。どれもくだもの王国おかやまを代表する特産品です。

とっとり・おかやま新橋館

〒105-0004 東京都港区新橋1-11-7
新橋センタープレイス 1・2F
TEL.03-6280-6474
●営業時間●
物販 10:00〜21:00
カフェ 11:00〜22:00(ラストオーダー 21:00)
●アクセス●
東京メトロ銀座線「新橋駅」3番出口直結
JR「新橋駅」銀座口 徒歩1分

受け継がれる伝統

備前焼《びぜんやき》

1000年の伝統を誇る日本の代表的な焼物で、国から伝統的工芸品として指定されています。光沢をだす効果のある釉薬《ゆうやく》を使わず、絵付けなども一切行わないため、土の色そのままの素朴な味わいがあります。朝鮮半島から伝来した須恵器《すえき》が源流で、鎌倉時代に現在のようなかたちになったといわれています。備前焼は約2週間もの長い時間、1200度以上の高温で焼き締められます。そのため、ほかの焼物にくらべ強度が高く、「投げても割れぬ…」という言葉もあるほどです。

写真提供:岡山県観光連盟

お仕事見聞録

「働く」とは、どういうことだろう…。さまざまな分野で活躍している先輩方は、なぜその道を選んだのか？仕事へのこだわり、やりがい、そして、その先の夢について話してもらいました。きっとその中に、君たちの未来へのヒントが隠されているはずです。

設計開発担当者

株式会社富士通ゼネラル

西野真一さん

PROFILE
1987年生まれ。2006年3月、土浦日本大学高等学校卒業。2010年3月、日本大学理工学部機械工学科卒業。2012年3月、日本大学大学院理工学研究科機械工学専攻修了。同年4月に株式会社富士通ゼネラルに入社し、家庭用エアコンを開発する部署に配属。以降、エアコンの室内機の設計開発を担当、現在に至る。

—株式会社富士通ゼネラルとは？

テレビCMでおなじみの『nocriaX（ノクリアエックス）』をはじめ、日本国内および海外向けのエアコン・空気清浄機の設計から開発、製造、そして販売までを行うメーカーです。日本、中国、タイに開発拠点を構え、100か国以上にエアコンを販売しています。

—富士通ゼネラルに就職しようと思ったきっかけは？

小学生のころからプラモデルづくりや図工など、〝モノづくり〟が大好きでした。大学の工学部機械工学科に進学したのも、「モノをつくるための知識を学んでみたい」と思ったからです。そして、大学と大学院で空気や水などの流れ（流体力学）について研究するうちに、エアコンや空気清浄器など室内環境を快適にする機械に興味を持つようになりました。

就職活動では、〝室内環境を快適にする〟をキーワードに、いろいろな企業の説明会に参加しました。そのなかから富士通ゼネラルを選んだのは、今ではエアコンの主流技術となっている「フィルター自動お掃除機能」や「熱交換器（空気を冷やすための装置）」の形状や配置など、さまざまな点において富士通ゼネラルが業界の先駆けだと知ったからです。会社の、新しい技術を積極的に開発していこうとする姿勢に、何より魅力を感じました。また、日本だけでなく、海外の方々にも自分が開発に携わった製品を使用していただけると思ったことも、入社を決めた理由のひとつです。

—仕事内容について教えてください

エアコンの開発は、まず、どのような機能を新たに搭載するかを決めることからスタートします。それが決まれば、実現するためのアイデアを出し合い、そのアイデアを「パーツの試作品」に反映させます。たとえば室内機から風を送り出す送風機性能に関する部品だけを試作してみるのです。次にその試作品を使って新機能を評価（確認）していきます。評価の結果、新機能が設計段階で予測した基準に達しないと判断した場合は、アイデア出しに戻ります。このように「アイデア出し→試作→評価→アイデア出し…」のサイクルを何度も繰り返すことにより、新機能を搭載した試作品をつくりあげていきます。

次に、その試作品をエアコン本体に組み入れ、性能・機能などについて多くの試験を実施します。「性能が発揮できない」「機能が正常に動作しない」といった課題があれば、それらを解決するための「アイデア出し→試作→評価→アイデア出し…」のサイクルに戻ります。そして、すべての問題がクリアになったところで、ようやくお客さまの手に渡る製品として、工場での生産がはじまるのです。

なお、エアコンにはプラスチックや板金でできた筐体《きょうたい》部品（外側）、基板・モーターなどの電気部品、熱交換ユニット、コンプレッサーなど多くの部品があり、その部品ごとに担当部署が設けられていて、それぞれが試作と評価を繰り返しながら一つの製品をつくりあげます。私は、そのなかでエアコンの室内機や室外機の筐体《きょうたい》部品、フィルターお掃除機能に関わる部品、送風機などの設計・評価を行う部署に所属し、【設計開発担当者】として、日々、業務にあたっています。

—エアコンに求められている機能はどのようにして知るのですか？

製品を購入されたお客さまにアンケート調査を実施し、その回答から求められている機能を把握していきます。

また、私たちからも新しいニーズを提供できるように日ごろから考えをめぐらせています。たとえば、省エネ性能を上げるために昔より大型化してしまっているエアコンを、性能をアップさせながらも小型化する—。これも今後、取り組むべき課題のひとつです。

—これまでに取り組んだ仕事のなかで、成果があったものはありますか？

特に思い入れがあるのは『nocriaX』の室内機の送風機について、設計、評価、課題出しからその解決までを担当したことです。

このときの課題は「部屋の温度を快適にする能力はそのままに、電気代を抑える」でした。言うまでもありませんが、エアコンは電気を使って部屋の温度をコントロールし、快適な空間をつくる機械です。つまり、快適さを求めれば求めるほど電気代がかかります。しかし私は、「部屋の温度を快適にする能力はそのままに電気代を抑える」という、一見矛盾するような課題に取り組みました。何度も「アイデア出し→試作→評価→アイデア出し…」を繰り返し、ときにはアイデアを形にするためにパソコンを使って作図したり、簡単な部品であればプラスチックの板から模型をつくったりもしました。何度も試行錯誤を繰り返し、ようやく目標達成できたときは本当にうれしかったですね。

—設計開発を担当するうえで、一番難しいことや苦労することは？

初めて取り組む課題であっても、開発を進めていく過程で、その結果を正確に予測しなければならないことです。また、その予測に反した結

SCHEDULE

西野さんのある一日のスケジュール

8:40	出勤・朝礼
9:00	試験事前報告書作成・報告
10:30	試作検討エアコン室内機の改造・加工
11:40	昼食
12:40	改造・加工続き
14:00	試作検討エアコン室内機の送風性能評価
17:00	評価結果まとめ・結果報告
19:00	退勤

果がでることもあります。その場合は、また別のアイデアを考えなくてはならず、難しいと感じます。

―どんなときに達成感を得られますか？ また、つらいと感じますか？

自分が開発にかかわった製品を店頭で見かけると、この仕事をやっていてよかったと思います。

つらいのは、どんなに予測を立てて問題解決に取り組んでも、真の原因がわからないときです。しかもエアコンの発売日から逆算した開発スケジュールが決められているため、設計段階で発生した問題は迅速に解決する必要があります。わからないことはすぐ調べて理解しなくてはなりませんので、毎日が勉強です。ただ、苦労した分だけ、解決できたときは大きな達成感を得ることができます。また、自分の考えを反映できる、という点で、とてもやりがいのある仕事だと思っています。

―仕事をするうえで気を付けていることはありますか？

設計・評価を行うときは、「何が問題なのか」「原因は何なのか」「結果はどうなるのか」など、しっかりと仮説を立てたうえで取りかかるようにしています。というのも、この仮説が不十分だと、設計ミスや試験のやり直しだけでなく、不良品の発生など、大きな問題が起きてしまう可能性があるからです。

―この仕事に就くために必要な資質は？

設計開発を行うには、自分で問題や課題を見付け、それを解決していかなければなりません。だからこそ、さまざまな観点から物事をみるためにも、広い視野を持ち、いろいろなことに興味を持てる人が向いていると思います。

そのうえで【設計開発担当者】を目指すならば、できれば大学は工学系の学部に進学した方が良いでしょう。さらに自ら考え、解決に向けて行動する力を養うためにも大学院まで進むことをお勧めします。

―これから絶対に成し遂げたいことは？

さまざまな部署の人と協力しながら、業界No.1の性能を持つエアコンをつくりたいです。そして、その商品を通じ、富士通ゼネラルのエアコンを皆さまに知ってもらえれば、これほどうれしいことはありません。

―子どもたちに将来に向けてのアドバイスをお願いします

「将来の夢は何？」と聞かれても具体的な考えを持っている人は少ないと思います。だからこそ、勉強、スポーツ、遊びなどどんなことでもかまいませんので、興味を持ったならば、積極的にチャレンジしてみてください。いろいろなことにチャレンジして、自分の可能性を広げていってほしいと思います。

―仕事とは？

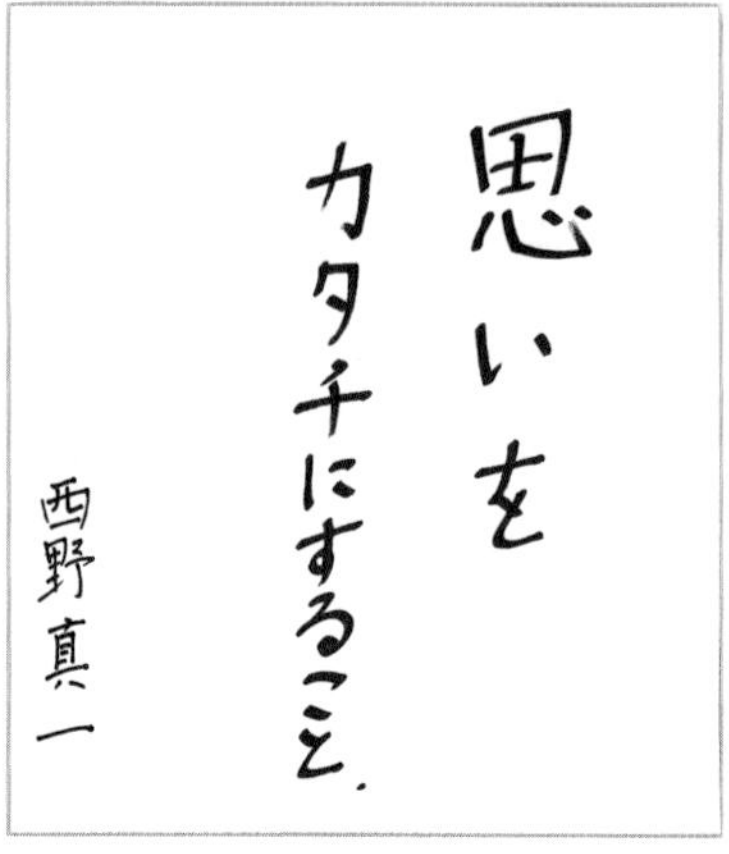

Dokkyo Saitama Junior High School

自ら考え、判断することの出来る若者を育てる。

かつて、だれもみたことのない新しい大地を発見しようと夢見た探検家がいました。夢をかなえるためには、「自分で考え、判断することのできる力」が何より必要になります。一人でも多く、そうした若者を育てたい。これが私達獨協埼玉の願いです。

■中学校説明会■

9月18日（日）11：00～
（学校祭当日　ミニ説明会）
9月25日（日）10：00～
10月23日（日）10：00～
11月26日（土）10：00～
12月11日（日）10：00～

■学校祭（蛙鳴祭）■

9月18日（日）・19日（月祝）
10:00～15:00
（中学ミニ説明会）9月18日（日）11：00～12：00

■体育祭■

10月26日（水）10:00～15:00

獨協学園
獨協埼玉中学校

〒343-0037 埼玉県越谷市恩間新田寺前316　代表:048-977-5441

《交通》
東京メトロ日比谷線・半蔵門線乗り入れ
東武スカイツリーライン「せんげん台」駅西口
下車バス5分

http://www.dokkyo-saitama.ed.jp/

6年後
夢をかなえる
中学校

夢中

学習院中等科

東京都　豊島区　男子校

教務課長
井上 博行 先生

〝伝統ある男子校〟の教育方針

学習院は〝伝統ある男子校〟として、基礎となる学問をしっかりバランスよく身につけようという考え方で取り組んでおります。理系にも古文はありますし、文系でも数学はずっと学びます。理系・文系に関わらず必要となる学問が当然あり、将来どの分野に進もうとも必要な知識を広く深く身につけさせたいという教育方針のもと、教員たちは日々の授業を展開しています。

また、伝統の行事として、大正2年から100年以上続けています沼津游泳場での臨海学校（中1～中3希望者参加／3泊4日）があります。その他にも登山や長距離歩行など、いいものは続けようと、今日まで受け継がれています。多感な年齢の時期にしかできないことを経験させることで、子どもたちは大きく成長していきます。

成長段階に合わせた指導

本校の中等科と高等科は、同じ科目の教員準備室は共通で、そこで話し合って6年間を通じた基礎学力習得のためのカリキュラムを組んでいきます。

実は、中等科と高等科では運営も教員組織も、生徒指導も別々です。中等科では義務教育過程として、言葉づかい・マナーなどもきちんとしつけていきますが、高等科では、自由な校風の中で自分の判断に責任をもって行動する、という〝真の自立〟を要求しています。こうした伝統を教員同士も尊重しており、〝その時期に必要な導きを〟という姿勢で生徒一人ひとりの指導にあたっています。

多様性に応えていくこと

学習院には内部推薦制度があります。12月中旬までに結果の出る一部AO入試受験生を除き、高3の11月下旬に推薦の権利を行使するかどうかを選ぶことになっています。以前は6割以上の生徒が学習院大学へ内部進学していましたが、近年は、内部進学と他大学へ進学する生徒の比率が50：50となっています。進路については、生徒の希望を尊重し、サポートするのが本校のスタンスです。

これからも生徒それぞれの多様性になるべく対応するよう努めていきます。いろいろな個性を持つ生徒がいて、一人ひとりそれぞれに居場所があるべきです。一つの型にはめるようなことはしない、それが学習院らしさだと思います。

何か一つでも好きなものがある子や、自分の芯を持っている子が、本校に合うと思います。〝個性的〟で〝面白い子〟が学習院には多いし、そういう子が入学してくれると、やはり嬉しいですね。

学習院中等科の魅力

子どもたちが大きな成長を遂げる年間行事

全員参加で行われる中1での林間学校、中2での長距離歩行などの他に、大正2年から続けている臨海学校（希望者参加制）など、学習院ではさまざまな行事が1年を通して行われています。「この時期にしかできないことを仲間とともに経験し、大きく成長してほしい」という思いが込められています。

臨海学校の様子

学習院を支えるOBの存在

学習院の魅力の一つに「縦のつながり＝OBの存在」があります。部活動の指導や学習、進路のことなど、さまざまなサポートを行うOBたちは、在校生たちにとって大きな支えとなっています。浜中くんも卒業後に陸上部の合宿に行き、後輩たちを指導したそうです。

昨年の夏合宿に参加した浜中くん（写真左）

学習院中等科
OBリポート

学習院でスタートを切った二本道の夢

浜中 康行くん　早稲田大学創造理工学部環境資源工学科　3年生

誰でも受け容れる学校

僕は元々進学校志望だったんですが、小6の時に、ずっと面倒を見てもらっていた担任の先生に「君は進学校より、のびのびした校風の学校の方が向いているのでは？」と学習院中等科も勧められて、受験しました。入学前には堅いイメージの学習院に中等科から入って友達ができるのかななんて考えてもいましたが、入学2日目には初等科から進学した子達と一緒にサッカーをしていました。席が近い子とは大の仲良しになったし、学習院ってお互いの個性を大切にし合う学校なんだなと思いましたね。

“陸上の華”と“世界の不思議”を追い求め

入学していろんな部を見学しましたが、結局、小学校でやっていた陸上部に入部しました。小4の時、TVで為末選手の活躍（2005ヘルシンキ世界陸上400mハードルで銅メダル獲得）を見て、“陸上の華はハードルだ！”と思い、当時の学年担任で陸上部の顧問でも

陸上部顧問の井上先生と

あった井上先生に相談し、中1の6月くらいにはハードルを跳んでいました。

学習院の陸上部は、生徒が自主的に練習方法を考えるんですが、何しろ初めてのハードルだったので、まずは井上先生に指導してもらいました。基礎練習の他に、先生に教えてもらった3～4台のハードルをひたすら繰り返し跳ぶ練習に取り組み、高等科に進学後は400mハードルを専門にしました。実は井上先生も400mハードルを専門にされていたので、困った時は井上先生の所へ行って相談していました。練習を重ねるうちにタイムも良くなっていき、高校3年生の時に関東大会に出場しました。大会当日は緊張で舞い上がってしまい、良いタイムが出ず悔しかったです。

一方、内部推薦で学習院へ進学する道もありましたが、僕は別の進路も模索したくて、関東大会後から、大学受験も意識し始めました。僕の中のイメージで、理系は“フィールドワークで世界の不思議を追究する”勉強ができると考え、そこで、早稲田大学のオープンキャンパスで創造理工学部を見学したとき、この進路はありだなと感じました。指定校推薦にも該当していたし、何より陸上のレベルが同好会では日本一なので、早稲田大学進学に切り替えました。

仕事と陸上を両論に走り続けたい

今はまだ研究室に入る前段階ですが、電磁気を利用して地殻内部の構造探査をしている教授の研究室を志望しています。“世界の不思議を追究する”研究に思えたのが、一番の志望理由です。

陸上も同好会で続けていて、週4～5日で汗を流しています。それから慶應義塾大学や明治大学の学生たちとともに、大会運営スタッフとしても働いています。今年はその中心メンバーになりました。中3と高2の時にマネージャーを兼務していた経験もあり、大会を運営する仕事に興味を持ったので、始めました。審判や競技場を手配するといった仕事や、年長者の方とも接するので、言葉遣いや気遣いなどを学ぶ機会にもなり、とても良い経験ができています。

同好会を通じて、より深く陸上を知った思いがします。僕にとっては、競技者だけでなくスタッフとして参加するのも“陸上”生活の一部なんです。競技・運営問わず自分は陸上が好きで、一生携わっていきたいし、陸上がないと生活のリズムが崩れるくらいです。

勉強と陸上に邁進できたのは、仲間に恵まれたことが大きいですね。特に周りが揃って“陸上を突き詰めよう”とする人達ばかりで、自然と自分も陸上にのめり込む時間を過ごしてきました。将来は、電磁気による地殻構造探査のように“世界の不思議を突き詰める”研究や仕事に就くこと、そして、そんな仕事をしながら“陸上”を続けていくことが僕の夢です。

SCHOOL DATA

学習院中等科

〒171-0031 東京都豊島区目白1-5-1　TEL. 03-5992-1032
JR山手線「目白駅」より徒歩５分
東京メトロ副都心線「雑司が谷駅」より徒歩５分

ニュージーランド短期研修の様子

盛んな国際教育

中等科ではニュージーランド短期研修、高等科では協定留学制度や公認留学制度を設けて、海外で学びたいという生徒を支援しています。近年は、大学進学先に海外の大学を選ぶ生徒が毎年一人はいるとのこと。井上先生は「大学選びの時点から海外進出という志向も視野に入ってきた」と話してくださいました。

Close up!!

クローズアップ!!

本郷中学校

HONGO Junior High School

東京都 豊島区 男子校

切磋琢磨しあいながら自分で考え、学ぶ生徒に

創立から94年目を迎えた本郷中学校は、「文武両道」「自学自習」「生活習慣の確立」という3つの教育方針を基盤に据え、生徒が自ら考え、学ぶことができる力を育てています。

SCHOOL DATA

所在地
東京都豊島区駒込4-11-1

アクセス
JR山手線・都営三田線「巣鴨駅」徒歩３分、JR山手線・地下鉄南北線「駒込駅」徒歩７分

生徒数
男子のみ746名

TEL
03-3917-1456

URL
http://www.hongo.ed.jp/

佐久間《さくま》 昭浩《あきひろ》　校長先生

【Q】御校の教育方針「文武両道」「自学自習」「生活習慣の確立」についてお教えください。

【佐久間先生】 この3つのうち、学校創立以来変わっていないのが「文武両道」です。学校という場所ですから、勉強に軸足が置かれているのは間違いありませんが、一方で、それ以外にもいろいろなことを学べる場所が学校でもあって、勉強同様に一生懸命やろう、という理念が創立以来引き継がれてきています。

例えばラグビー部の場合、最も大きな大会の予選が秋にあって、そこまで部活動を続ける高3も当たり前のようにいます。大学受験のことだけを考えたら不利なのは分かりきったことですが、彼らは自分でそれを選んで、言い訳することなく取り組んでいます。もちろん、なかには大学受験を見据えて、高2でスパッと部活動をやめる生徒もいます。いずれにせよ、彼らが決める。そういう決断ができる生徒を育てています。

自学自習については、生徒が自然と鉛筆を手に取ってくれるにはどうしたらいいかという仕掛けが大切です。そのための仕掛けひとつに本校独自の「本郷数学検定（本数検）」、「本郷英単語検定（本単検）」があります（詳細は後述）。これは結果に対して級や段が認定されるもので、学年関係なく、それこそ先輩と肩を並べられる、凌駕できるというところがあります。そうしたちょっとしたきっかけで男の子はやる気を出してくれます。さらに、まじめに取り組む生徒が出てくることで、少しずつその輪が広がっていくのです。

生活習慣の確立については、具体的には生活記録表や手帳を用いて自己管理能力を高めるというものです。もちろん中学生のはじめは、何も書くことがないという生徒もいます。ですから、最初はとにかく何でもいいから書こう、というところから始めます。そのうちに現在のこと、そしてこの先のこと、といった視点で書けるようになり、自分で生活を管理することにつながっていきます。

【Q】6年間でそうした自立した男子を育てている御校ですが、どのような生徒さんに入学してもらいたいでしょうか。

【佐久間先生】 一番は、本校をきちんと知ってもらって、入りたいと思ってきていただきたいということです。また、学校選びの際には「どの学校で何をしたいか」ということもポイントになる部分でしょう。本校はその選択肢がたくさんある学校ですから、ぜひ知っていただいたうえで、選んでいただけるとうれしいです。

進路に応じて分かれる2コース制

１９２２年（大正11年）、松平頼壽氏によって創立され、以来、男子校として90年を超える歴史を刻んできた本郷中学校（以下、本郷）。

「個性を尊重した教育を通して国家有為の人材を育成する」という建学の精神のもと、「文武両道」「自学自習」「生活習慣の確立」ができ、次世代を担うリーダーとしてふさわしい男子を育ててきました。

本郷では、中学の3年間は学力均等でクラスを編成（6クラス）し、共通のカリキュラムで基礎学力の定着と学校生活のベース構築をはかります。高校に進学すると難関国立大学を目指す「特進コース」2クラスと国公立・私立大学進学希望者がそれぞれの進路に合わせて学ぶことができる「進学コース」4クラスに分かれます。中3次に希望を提出する形で、特進コースについては例年希望者が多く、成績などを加味して決められます。

高2からは特進コース、進学コースともに高入生と混成のクラス編成になり、新しい刺激を受けながら大学受験へと向かいます。進学コースはそのなかで文科コースと理科コースに分かれます。どのコースも国語・数学・英語は高2で高校課程を修了し、高3の1年間でじっくり受験勉強に取り組めるカリキュラム構成です。

お互いに関連している3つの教育方針

また、文武両道を掲げる伝統校らしく、部活動に打ち込みながら受験勉強と両立させる生徒も多く、高3の夏や秋まで部活動を続けながら、一般試験で大学合格を勝ち取っていきます。

その秘訣は「自学自習」と「生活習慣の確立」にあります。

自学自習については、質の高い授業で生徒の学習意欲を喚起するのはもちろんのこと、本郷独自の検定「本郷数学検定試験（本数検）」と「本郷英単語検定試験（本単検）」が大きな役割を担ってい

校舎・施設

創立90周年を機に校舎が改築されました。充実した運動施設、カフェテリア、そして授業や生徒の自習、ミーティングなどにも使えるラーニングコモンズなどがあり、充実の学校生活を送ることができます。

勉強・運動両面の施設が充実

校舎

投球練習場

広いグラウンド

図書室

カフェテリア

地下講堂

ラーニングコモンズ全景

ラーニングコモンズでアプリ制作講習

ラーニングコモンズでのグループ学習風景

一丸となって取り組む多種多様な行事

本郷祭

スキー教室

林間学校

百人一首大会

体育祭

高１オリエンテーション

マラソン大会

校外授業（中2）

カナダ・海外研修

校外授業（中3）

合唱コンクール

学校行事

中高６学年の縦割りでチームが編成される体育祭、生徒が中心となって運営される本郷祭をはじめ、合唱コンクール、マラソン大会、宿泊行事、カナダ・オーストラリアへの海外研修など、６年間をとおして多種多様な行事がみなさんを待っています。

ます。

このふたつの検定は、成績評価には直接関係がなく、長期休暇明けに行われる試験です。学年にかかわらず、本数検は中学3年分の範囲の数学の問題が、本単検は中学3年分の英単語が入学時に配付されます。これらの勉強の進め方は生徒各自の自由です。毎回、試験ごとに成績に応じて級や段が与えられます。級や段は全学年をとおして共通のものなので、同級生や上級生と競いあいながら学んでいくことができます。

毎年のように、中1の段階で中2や中3レベルの内容に挑戦して級や段をどんどんあげていく生徒がおり、それを見た他の生徒が刺激を受けて負けじと高いレベルに挑んでいくようになります。この本数検、本単検への取り組みを通じて、本郷生は自ら積極的に学んでいく姿勢を養っていきます。

自学自習の習慣を身につけるのは簡単ではありません。そこで教員が寄り添い、補習などを積極的に行って「一緒に勉強しよう」というのもひとつの方法ですが、本郷では、本数検や本単検のように、生徒が自ら学ぶようになるための仕掛けづくりに力を入れています。実際、本数検が開始されてから10年以上が経ちますが、導入後の方が自学自習の習慣を身につけ

られる生徒は増えたということです。

中2の11月と2月、中3の6月の3回実施される基礎学力試験も同様です。教科書レベルの到達度を見るテストで、平均点は8割程度に設定されています。基礎的な内容だからこそ、取りこぼしている部分、曖昧な部分がよく分かるため、より高度な内容に差し掛かっていく前に弱い部分を見つめ直すことができます。こうした取り組みが東京大などの最難関国公立大をはじめとした希望進路実現につながっています。

そして、「生活習慣の確立」。「生活習慣」と一口にいっても、様々なことが含まれます。本郷では「挨拶をしましょう」といった人としての基本的なことから地道に積み重ねつつ、自己管理能力を高めるために生活記録表や手帳を使っています。生活習慣が整うことで、勉強や部活動にもより打ち込めます。「文武両道」、「自学自習」、「生活習慣の確立」という3つは、お互いに関連しあっているのです。

伝統的な男子校で知られる本郷に対しては、固く厳しいイメージを持たれる方もいるかもしれません。しかし、実際にはここまでご紹介したように、生徒の自主性を育むことで、勉強や部活動、各種学校行事などに積極的に取り組むことができる学校、それが本郷中学校なのです。

部活動にも目一杯 挑戦するのが本郷生

サッカー部

野球部

部活動

文武両道を実践する本郷生。勉強もしっかりとやりながら、自分がやりたい部活動に思いきり打ち込むことができます。

バスケットボール部

日本文化部

ラグビー部

吹奏楽部

科学部

入試情報

2016年度（平成28年度）入試結果

	第1回	第2回	第3回
試験日	2月1日	2月2日	2月5日
募集人数	80名	120名	40名
受験者数	398名	817名	497名
合格者数	149名	420名	66名

試験科目 各回とも国語・算数（各100点）、社会・理科（各75点）

横浜市立南高等学校附属中学校

横浜から世界にはばたく人材の育成

バランスのよい学びで学力を向上。
世界に通用する英語力をつけるとともに、
豊かな人間性と高い学力を育み、高い志と幅広い視野をもって、
グローバルに活躍する人間を育成します。

横浜市民に中高一貫という新たな教育サービスを

横浜市立南高等学校附属中学校（以下、南高校附属中）は、2012年（平成24年）4月に開校されました。開校して4年が経つ学校の現状について、磯部修一校長先生に伺いました。

「学校側が考えていた以上に、学力レベルの高い生徒たちが入学してきています。そうした生徒たちが、9教科全ての学習にバランスよく取り組み、合唱コンクールや体育祭などの教育活動にも意欲的に取り組んでいます。特に英語力の上達は著しく、1期生は85％の生徒が中3の2月までに英語検定で準2級以上を取得するという偉業を達成しました。

さらに感じるのは、生徒たちはこの学校の生徒であることに誇りを持っているということです」（磯部校長先生）

南高校附属中では、6年後の子どもたちに、「豊かな人間性」と「高い学力」を兼ね備えた人間になってほしいという願いのもと教育を行っています。さらに、このふたつの教育の柱を実現するために、「学びへの飽くなき探究心を持つ人材の育成」「自ら考え、自ら行動する力の育成」「未来を切り拓く力の育成」という3つの教育目標を掲げています。

また、中学校の開校に伴い、中期目標を設定しています。「コミュニケーション力の育成に対応した教育内容への生徒・保護者の満足度を90％以上」、「生徒の授業満足度を90％以上」、「将来、国公立大学入学者80名以上（1学年160人）をめざし6年間で基礎学力・学習習慣・強い意志を育成する」の3つです。

2015年度（平成27年度）の「保護者の満足度」「生徒の授業満足度」はいずれも90％を超えています。

磯部《いそべ》 修一《しゅういち》 校長先生

「学ぶ意欲が高く、困難に立ち向かう積極的な姿勢を持った生徒に入学してほしい」

高い学力の習得に向け言語能力の育成を重視

「高い学力の習得」に向けた具体的な内容をご紹介します。

中高の6年間で一貫した教育を行うにあたり「養成期」（中1・中2）、「伸長期」（中3・高1）、「発展期」（高2・高3）と3期に分けています。「養成期」は、基礎を固め、学習習慣を確立させることを目的とし、「伸長期」は中学での学習をまとめ、高校への学習

School Information

横浜市立南高等学校附属中学校

所在地：神奈川県横浜市港南区東永谷2-1-1
アクセス：横浜市営地下鉄「上永谷駅」徒歩15分、京浜急行・横浜市営地下鉄「上大岡駅」・横浜市営地下鉄「港南中央駅」バス
生徒数：男子222名、女子257名
TEL：045-822-9300
HP：http://www.edu.city.yokohama.jp/sch/hs/minami/jhs/

へとつなげていきます。そして、「発展期」で自分の進路について研究し、目標に向かって進んでいきます。

また、９教科全てをバランスよく学ぶことを前提とし、読む、書く、話す聞く、説明するなどの言語能力やコミュニケーション能力を高める活動を実施しています。

さらに、中１から高１までの４年間は「国語・数学・英語」の授業を毎日行います。これにより中学３年間で３８５時間の授業時数増になります。授業時数は週33時間。また、中３では、国語・数学・英語の一部で高校の内容につながる発展的な学習を行います。

総合的な学習「ＥＧＧ」

総合的な学習の時間でも様々な言語活動を行っています。

中学校では、「ＥＧＧ（エッグ）」と呼ばれる総合的な学習を実施。これはE(explore…探す、学びの探究)、G(grasp…掴む、自己の可能性発見)、G(grow…伸びる、人間性の成長)の頭文字を取ったものです。

EGGは、木曜日の７校時と、月２回の土曜日（４時間）に実施しています。プロジェクトアドベンチャーやコミュニケーション研修など、豊かなコミュニケーション力を育成する交流体験「ＥＧＧ体験」。調査、研究、発表活動を行い、３年間の学習の集大成として卒業研究に取り組み、論文を作成する「ＥＧＧゼミ」。多様な講座が用意されている「ＥＧＧ講座」の３つのプログラムを実施しています。

特色ある教育はそれだけではありません。国語科では、高校の学習内容につながる古典教育の充実、学校紹介スピーチやパンフレット・ポスターなどのキャッチコピー作成の活動をとおして、実社会で役立つ言語能力の育成を目指しています。

数学での中高一貫校用教材「体系数学」の使用や少人数制授業、理科の実験授業におけるチームティーチングなど、きめ細やかな指導で理数系教育の充実にも力を注いでいます。

英語でも少人数授業を実施。夏休みには各学年で３〜４日間の英語集中研修があります。さらに中２では２泊３日のイングリッシュキャンプがあり、中３では、それまで培ってきた英語力とコミュニケーション力を活かすために、姉妹校提携をしているカナダ・バンクーバーの「ポイント・グレイ・セカンダリー・スクール」などへの研修旅行を用意しています。

学習習慣が身につく「私の週プラン」

南高校附属中では、学力向上のポイントとして「家庭学習の習慣を身につける」ことが大切であると考え、家庭学習定着へ向け「私の週プラン」へ毎日の学習内容を記録させています。

「私の週プラン」とは、主に５教科の家庭学習の時間を毎日記録し、週末に今週を振り返り、次週の家庭学習の目標や課題を書くシートのことです。学級担任が毎週確認し、家庭学習の状況把握に努めています。

さらに、英語のリスニングマラソン、国語の読書マラソン、数学の問題集などの課題を出し、継続

プロジェクトアドベンチャー

コミュニケーション研修

的に家庭学習に取り組むよう指導していきます。その結果、家庭学習の習慣が身についていきます。

進路指導については、いろいろな分野の一流の方を招いて講演や指導をしてもらう「EGG講座」のなかで、キャリア教育を行います。また、横浜市立大をはじめ複数の大学とEGGをとおして交流をはかり、さらに中3では大学見学会を実施しています。

このように、大学や、大学を卒業したその先にある様々な職業について学習することで、自分の将来をしっかり考えさせる進路指導ができます。

最後に、南高校附属中へはどのような生徒に入学してもらいたいか磯部校長先生に伺いました。

「本校では、高い志を持ち、国際社会の発展に貢献できる生徒の育成を教育方針としています。そのためには、『コミュニケーション力』や『論理的思考力』『数学的な見方や考え方』などの力をしっかりと身につけることが大切だと考えています。学ぶ意欲が高く、困難に立ち向かう積極的な姿勢を持った生徒の入学を希望しています」（磯部校長先生）

合唱コンクール

体育祭

Check!

入試情報

2017年度（平成29年度入学生募集）

募集区分

一般枠

募集定員

男女計160名

入学願書受付

1月10日（火）～12日（木）

検査実施日

2月3日（金）

合格発表日

2月10日（金）

検査内容

適性検査Ⅰ、適性検査Ⅱ、調査書

適性検査の傾向

前年度まであった適性検査Ⅲがなくなり、2017年度入試からは適性検査Ⅰ、Ⅱのみとなります。適性検査Ⅰは、様々な情報を読み解き作文で表現する問題解決型の出題になりそうです。適性検査Ⅱは、自然科学的な問題や数理的な問題を分析し考察する力を試す出題となりそうです。

のぞいてみよう となりの学校

淑《しゅく》徳《とく》与《よ》野《の》中学校

淑徳与野中学校では、生徒の夢の実現を応援するため、昨年から新しいキャリア教育システムをスタートさせています。さらに、昨年、高校校舎が中学校舎と同じ敷地に移転。それに伴い、新しい施設も誕生するなど、より魅力的な環境へと生まれ変わりました。

過去を振り返り未来を見つめる 新しいキャリア教育が始動

「高い品性」「豊かな感性」「輝く知性」を育むことを大切にする淑徳与野中学校では、昨年から立教大学経営学部・特任准教授の高橋俊之先生の協力のもと、新キャリア教育システムを導入しました。その内容を見ていきましょう。

過去の体験を話すことで そこから自信が生まれる

中1の4月に行うオリエンテーション合宿では、洞窟探検、飯ごう炊さんなどのほかに、キャリア教育の一環として、「ドリームワークショップ」を行います。これは、自分の夢、そして、その夢を持ったきっかけについてグループごとに話しあうものです。ワークショップを通じて親睦を深めるとともに、入学間もない時期に自分の夢を宣言することで、これから6年間勉強をがんばっていこうという動機づけにもなります。

ただ、肝心の夢の内容は、医者、アナウンサー、教師が3分の1ずつというように、自分が知っている身近な職業、人気の職業に偏ってしまいがちだったそうです。

そこで、なぜその職業に就きたいと思ったのか、そのきっかけを掘り下げるために導入されたのが「インパクト体験棚卸し」です。

オリエンテーション合宿後、ホームルームの時間を使って、これまでの人生で特に印象に残っている体験（インパクト体験）を振り返り、その体験を基にどんな人の役に立ちたいか、どんな世の中にしていきたいかを考えていきます。淑徳与野で

School Data

所在地　埼玉県さいたま市中央区上落合5-19-18
アクセス　JR埼京線「北与野駅」・JR京浜東北線ほか「さいたま新都心駅」徒歩7分、JR京浜東北線ほか「大宮駅」徒歩15分、東武東上線「みずほ台駅」スクールバス
生徒数　女子のみ357名
TEL　048-840-1035
URL　http://www.shukutoku.yono.saitama.jp/

は、これまでも職業体験などのキャリア教育は行っていましたが、現在の職業は時代によって変化していく可能性があるため、職業に特化しない取り組みを始めたのです。

　黒田貴副校長先生は「例えば、ぜんそく持ちで小さい頃病弱だったから医者になりたいという子がいます。でも、じっくり過去を思い起こし、自己を見つめ直していくと、本当にしたいのは、ぜんそくで苦しんでいる人だけに限らず多くの人を助けることだと気づくわけです。人助けができる職業は、医者だけではありませんから、職業の幅が一気に広がりますよね。そうした本当の『思い』を再確認する作業でもあります。

　将来やりたいことを過去の体験から考えていくので、これまでの職業から将来を考えるキャリア教育とは全く異なる、淑徳与野流のキャリア教育です」と話されます。

オリエンテーション合宿の洞窟探検

　各自で振り返りをしたあとは、各々の体験をグループのメンバー同士で話しあいます。グループはクラスの枠を取りはらってつくるため、初対面同士が交流するのも特徴です。

　「ここでは、先ほどの病弱だった生徒のように、心のなかにしまっておきたいネガティブな体験についても話します。その生徒は経験がマイナスだと思っていましたが、グループ内で『そういう経験をしていると、人の痛みが分かる優しい性格なんだろうね』という言葉をかけてもらったそうです。

　交流することで、よい経験、よくない経験、様々な経験が積み重なって今の自分をつくり出し、それが強みになっているんだという自信が生まれますし、他者から分析してもらうことが、結果的に自分を見定めることにもつながります。

　また、自分の殻に閉じこもりがちな生徒が多いですが、取り組みをとおして、自分の心を開くことがコミュニケーションの原点なんだということを自然とつかんでいるようです。心の交流ができるいい機会ともなっています」（黒田先生）

　生徒からも、「最初は話したことのない子と交流するのは緊張するからいやだと思っていたけど、やってみるとすごくいい体験ができた」、「新しい友だちができた」、というられしい声が聞こえてきたと言います。

　「インパクト体験棚卸し導入後に、本校のいいところはどこかと生徒に問いかけると、『自分のことをじっくり考える機会があるのがとてもいいと思います』という言葉が返ってきました。これが私たち教員が一番求めていた言葉だったので、意図が伝わっていると分かりうれしかったです」と黒田先生。

　その後、中2で職業体験、中3で大学見学を実施します。職業体験は、体験に行く企業や団体を探し、連絡を取ることも生徒が行い、体験後はレポートをまとめます。大学見学は、大学が主催するオープンキャンパスに参加するほか、卒業生による淑徳与野生のための独自のオープンキャンパスが開かれることもあります。これらは従来から伝統的に行われているものです。

　高1になると、インパクト体験棚卸しに再度取り組むとともに、興味のある職業について詳しく調べ学習（「職業研究」）をしていきます。いよいよ大学入試を本格的に意識する段階となる高2では、受験に向けて学部学科研究を行います。

　これらをとおして見つけた夢の実

インパクト体験棚卸し

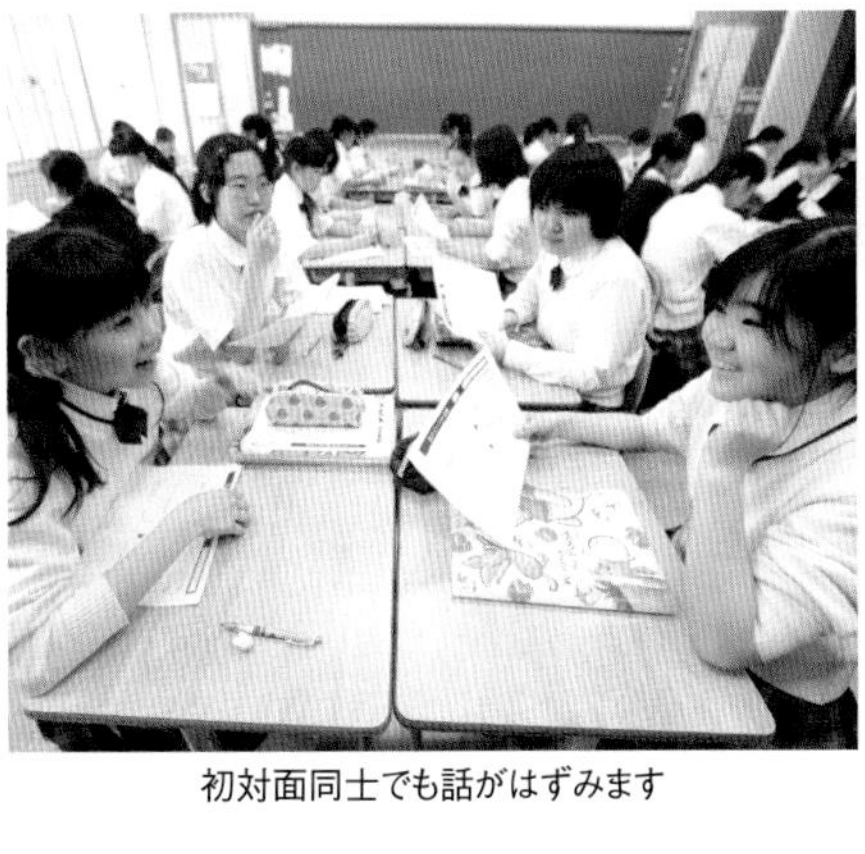
初対面同士でも話がはずみます

教員はあくまでもサポート役で生徒が自主的に進めます

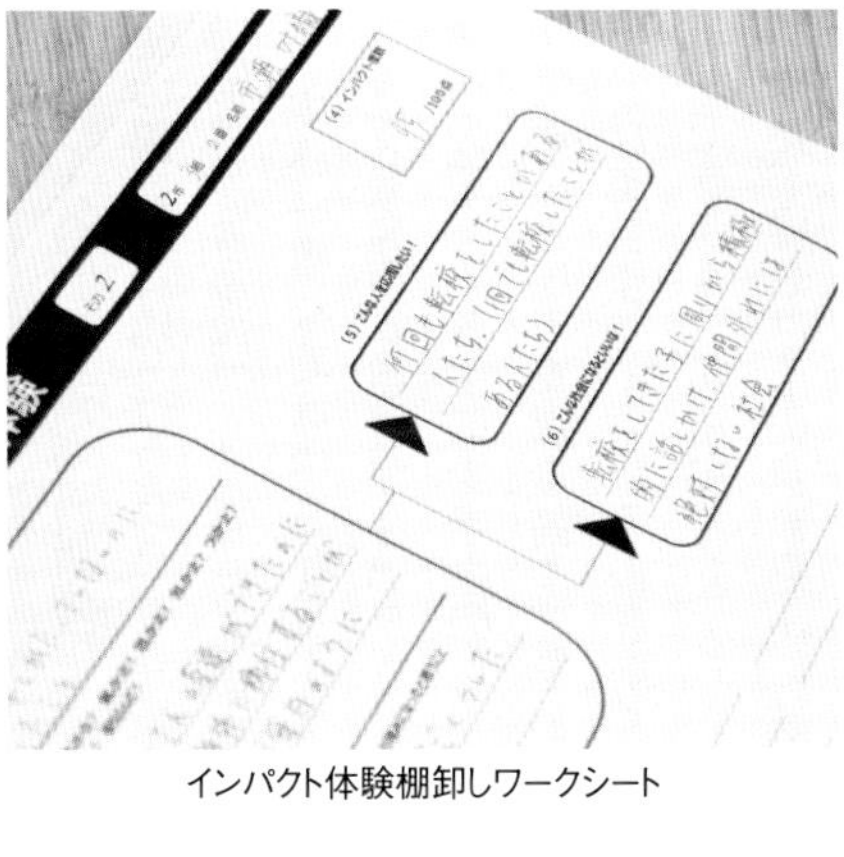
インパクト体験棚卸しワークシート

現に向けて、高3は受験勉強に励みます。通常授業に加えて長期休暇や放課後、土曜日などに開講される多彩な講座を自分の志望に合わせて受けていきます。

黒田先生が「本校は仏教主義の女子校ですので、自分のことだけではなく、他人のことも大切に考える『自利利他』の精神を忘れずに、女性として社会にどう貢献していくかという視点もこれからのキャリア教育では加えていきたいと思います」と語られるように、淑徳与野のキャリア教育は、今後もさらに発展していくことでしょう。

魅力的な新校舎はエコシステムを完備

新キャリア教育システムが導入された年、別の地にあった高校校舎が中学校舎と同じ敷地に移転しました。それによって中高一貫教育校としての教育環境がより充実し、中学生は今まで以上に高校生の先輩が身近に感じられ、6年後の自分が想像しやすくなりました。

新校舎

落ち着いた雰囲気の図書室

淑徳の時間や仏教行事で利用する利行堂

廊下の質問コーナーで気軽に教員に質問できます

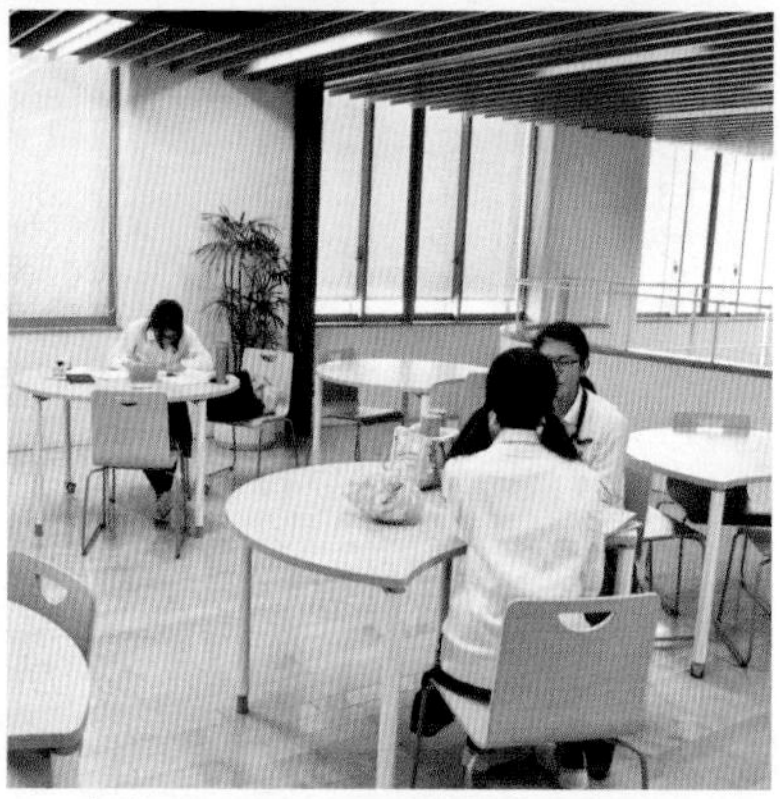

各階にあるラウンジは生徒の憩いの場です

地下1階、地上7階建ての新校舎のコンセプトは「エコ&スマートスクール」。地中熱を利用した輻射《ふくしゃ》熱冷暖房システムの導入をはじめ、環境に配慮した様々な工夫が凝らされています。さらに、女子校らしさを演出するため、柱や壁などは曲線を活かしたデザインで、随所に木のぬくもりが感じられるつくりとなっています。

校内には、200人収容可能な「シアター」、礼拝堂（利行堂）、5万3000冊の蔵書を誇る「図書室」、各階に設けられた「質問コーナー」と「ラウンジ」など魅力的な施設・設備が整います。今年には、小体育館「ASUMA記念館」、旧高校校舎跡地に人工芝の「円阿弥グラウンド」が完成しています。

さて、これまで高校と中学は校舎が別だったため、淑徳与野には中学生が主となって運営する中学生のみの行事がいくつか存在します。

そのひとつ、「芸術研究発表会」は、自由に設定したテーマについて、担当指導教員のもと、1年間をかけて研究していく「創作・研究」の発表の場です。自分の好きなものを研究するため、結果的にキャリア教育の一環にもなっているといいます。

ほかにも、「合唱コンクール」「スポーツ大会」「台湾海外研修」、中学生の部員だけで行うクラブ発表会「なでしこ発表会」などがあります。

「中高一貫校では中3がリーダーシップを発揮する場がないとされているので、中3生に中学生のリーダーであるという意識を持ってもらう狙いがあります。中だるみを防ぐこともできます」（黒田先生）

また、中3はそのまま高1に進級

中2で行う台湾海外研修では、現地の姉妹校とも交流します

自己実現のために確実に実力を養うカリキュラム

中学

1年

国語	社会	数学	理科	英語	音楽	美術	保健体育	技術・家庭	淑徳の時間	HR・道徳	TOTAL
5	4	6	4	6	1.3	1.3	3	2	1	2	35.6

2年

国語	社会	数学	理科	英語	音楽	美術	保健体育	技術・家庭	HR・道徳	TOTAL
5	4	6	5	6	1	1	3	2	2	35

3年

国語	社会	数学	理科	英語	音楽	美術	保健体育	技術・家庭	淑徳の時間	HR・道徳	TOTAL
5	5	6	4	6	1	1	3	1	1	2	35

※英語は週1時間、ネイティブスピーカーによるオーラルコミュニケーション（英会話）の授業を実施

高校

1年

国語総合	世界史A	日本史A	数学Ⅰ	数学A	物理基礎	化学基礎	生物基礎	体育	保健	音楽Ⅰor書道Ⅰor美術Ⅰ	コミュニケーション英語Ⅰ	英語表現Ⅰ	家庭基礎	総合的な学習の時間	HR活動	TOTAL
4	2	2	4	2	2	2	2	2	1	2	3	3	2	1	1	35

2年 文系

現代文B	古典B	国語演習or数学Ⅱ	世界史Bor日本史B	世界史Bor日本史Bor数学B	倫理	政治・経済	理科総合演習or国際理解	体育	保健	コミュニケーション英語Ⅱ	英語表現Ⅱ	情報の科学	総合的な学習の時間	HR活動	TOTAL
3	3	3	5	3	1	2	3	2	1	4	2	1	1	1	35

2年 理系

現代文B or 数学演習Ⅰ	選択※1	現代社会 or 政治・経済	数学Ⅱ	数学B	物理or生物	化学	体育	保健	コミュニケーション英語Ⅱ	英語表現Ⅱ	情報の科学	総合的な学習の時間	HR活動	TOTAL
2	4	2	4	3	4	3	2	1	4	3	1	1	1	35

※1 古典B（3）＋倫理（1）or物理演習（2）化学演習（2）生物演習（2）から2科目選択

3年 文系

現代文B	古典B	現代文演習 or 数学Ⅱ	古典演習 or 数学B	世界史演習 or 日本史演習	世界史演習 or 日本史演習	倫理	理科総合演習 or 英語読解Ⅱ	体育	英語表現Ⅱ	英語読解Ⅰ	情報の科学	総合的な学習の時間	淑徳の時間	HR活動	TOTAL
2	1	2	2	3	2	2	2	3	3	3	1	1	1	1	29＋進学講座6

3年 理系

現代文B or 数学演習Ⅰ	倫理 or 英語読解Ⅱ	数学Ⅲ	数学演習Ⅱ	化学	物理演習 or 生物演習	体育	英語表現Ⅱ	英語読解Ⅰ	情報の科学	総合的な学習の時間	淑徳の時間	HR活動	TOTAL
2	2	5	1	4	4	3	2	2	1	1	1	1	29＋進学講座6

※高3は上記のカリキュラムに加えて6時間分の進学講座を実施

できますが、高校入試を経て入学する高入生との学力の差を意識してもらうために、高校入試に挑戦し、合格最低点も伝えます。黒田先生によると「中高一貫校では学年があがるにつれて上位層と下位層の学力の差が開いていくと言われていますが、本校では模擬試験の結果をみても、そうした差はあまり見られません」とのことで、この仕組みは一定の効果を発揮しています。

高校から6クラス分の生徒が入ってくるのも大きなポイントです。中入生（3クラス）より、高入生の方が人数が多いため、高校にあがると学校の雰囲気ががらりと変わり、それが大きな刺激となります。

6年間をとおしたキャリア教育など、中高一貫校としてのメリットを活かした教育を実践しながら、懸念される中だるみについても対策を講じ、メリハリのある中高6年間を送ることができる淑徳与野中学校。

「これからの社会で自分がどう生きていくのか、そうしたことを考える機会をどんどん設けていきたいです。学校は一人ひとりの可能性を広げ、社会に飛び立つための準備の場でありたいと思います」と黒田先生が語られるように、多彩な取り組みで生徒の感性を刺激し、自己実現を応援していきます。

この1校！

共立女子中学校

KYORITSU GIRLS' Junior High School

東京　千代田区　女子校

共立女子の宿泊行事では、帰校後のプレゼンテーションにより深い学びを得ます。

共立では中1蓼科、中2富士、中3関西、高1ブリティッシュヒルズ、高2九州と、毎年宿泊行事があります。宿泊行事では見聞を広めることや絆を深めることも大切ですが、それを言語化し、他者に伝えることも大切な学びです。今回は中2中3全員が行っている、旅行後のグループプレゼンテーションについて、担当の先生とクラス代表生徒の方にインタビューしました。

中2富士宿泊研修（日本語プレゼン）

発表会係　宮﨑　悠太　教諭

富士宿泊研修旅行は今年度で4回目を迎えました。「研修」というだけあり、友だちとの協調性や協力する大切さを学んだり、また、風土に根差した食文化に触れたり、ハイキングでは富士山の周辺の地理的な特徴を学べたり、座学では学ぶことができない貴重な経験をすることができたと思います。

富士宿泊研修旅行中には各クラスでホームルームがあり、旅行中の経験（＝インプット）を自ら発信（＝アウトプット）するための発表をする時間になっています。発表では班員と協力すること、伝える力を養うことに主眼を置いています。もちろん旅行中は学年全員が同じ経験をしているのですが、伝え方や表現しだいで、受け手が新鮮に感じたり、新しい気付きを得ることもできたりします。クラス内での発表の後、クラスの優秀発表班は学年全体に向けて発表を行いました。さすが優秀班だけあり、身振り手振りで内容を視覚的に分かりやすくしたり、強調したいところは声を揃えて読んだり、共通したテーマを考えてみたり、多くの工夫が見られました。今後、自らの考えを発信する力が問われていく中、生徒の成長の良い機会としてもこの行事を活かしてもらいたいと思っています。

地元の味・ほうとう作りはグループ全員が力を合わせて

クラス代表　中2　Nさん

まず、どうしたらみんなに理解してもらえるかを考え、文の構成を何回も書き直す中で、「結論→具体的な内容→結論」という構成にたどり着きました。発表の際にはジェスチャーを多く使う、声を大きくする、話すスピードや強弱に気をつけるなどの工夫を心がけました。また、下を向いて原稿をずっと見るのではなく、視線を上げて語りかけたことや笑顔もポイントだったと思います。友だちから「情景が目に浮かびやすくて、見ていて楽しかった」と言ってもらえたのは嬉しかったです。

今回の経験では、身振り手振

今年は講堂改修のため、クラス代表は放送室から中継で発表

共立女子中学校

KYORITSU GIRLS' Junior High School

所 在 地■東京都千代田区一ツ橋2-2-1
アクセス■都営三田線・新宿線・地下鉄半蔵門線「神保町」徒歩3分、
地下鉄東西線「竹橋」徒歩5分、JR線「水道橋」徒歩15分
生 徒 数■女子のみ993名　　電話■03-3237-2744

りを入れることで、周りの人により伝わりやすくなることが分かりました。まだまだ発表するときは緊張しますが、こうした経験を重ねていけば将来は仕事でも堂々と発表できるのではないかと思います。

中3関西修学旅行（英語プレゼン）

発表会係　大原 智美 教諭

本校では今年度、初めて中3の関西修学旅行発表会を導入しました。「もし初めて日本に来た外国人に奈良・京都の各地を紹介し、魅力を伝えるならどのように表現するか」という大きなテーマをもとに英語でのプレゼンテーションを行うというものです。旅行後から班ごとに準備をし、クラス内発表で選ばれた班が学年全員の前で発表をしました。

修学旅行で見学した各地を明日香、斑鳩・西ノ京、奈良公園、二条城・広隆寺・嵯峨野、慈照寺・清水寺・三十三間堂の5つにグループを分け、そこでの学びを海外に発信する想定で各班員が協力して原稿を作成し、発音練習なども行い本番に臨みました。今年から設置されたランゲージスクエアで外国人教師に英作文の指導を受けた生徒もいたようです。

ここを外国人に紹介するなら、どういえば魅力が伝わるかな？

難しい歴史的用語を外国人に分かりやすく表現するにはどうしたらよいのか、2分という制限時間内になるべく多くの情報を説明するためにはどうしたらよいのか、どのような写真やフリップを用いれば効果的か、など試行錯誤を重ねた発表はどれも個性に富んでおり、各班の工夫が見られました。

また、普段の英会話の授業や国語のブックトークなどの経験から、人前で発表するということに慣れている生徒も多く、堂々と発表をしている姿が印象的でした。

クラス代表　中3　Yさん

今回の発表で一番意識したのは、他のグループとは何かしら違う発表にすることです。さらに原稿を考えるときには、聞き手の興味をそそるためにはどうしたらよいのかに気をつけました。また発表本番では、ただひたすら原稿を読むだけでは聞き手には何も伝わらないので、なるべく聞き手の目を見て笑顔で話し、ジェスチャーを交えるといったことを心がけました。

昨年の富士宿泊研修の発表は日本語でのプレゼンテーションだったので、素敵な表現や面白い言い回しはないかという点で工夫しましたが、今回は英語でのプレゼンテーションだったため誰にでも分かる表現にする点を工夫しました。さらに原稿の内容だけでなく発表の仕方を考えられるようになった点が進歩したと思います。共立では人前で発表する機会がたくさんありますが、発表の準備に必要となる発想力や本番でのスピーチ力は、将来さまざまな場面や仕事で必要になると思います。

さすが中3。写真を使ったり、寸劇を演じたりと様々な工夫を凝らします

Go!Go! 志望校 第22回

オーロラを見た海外研修旅行の魅力を伝える公開講座。

授業からクラブ活動まで学校生活を疑似体験できる

立教新座中学校・高等学校「オープンキャンパス」

7月18日（月祝）、立教新座中学校・高等学校（以下、立教新座）でオープンキャンパスが行われました。対象は小1～中3で、その魅力は多彩なプログラムの数々。今年度のプログラム数は65でした。

「本校の特徴のひとつに、自分が興味あるものを学べる・体験できるように、選択できる機会が豊富にあることがあげられます。オープンキャンパスも同様に、参加者が興味を持ったものに自由に参加できるようにしています」と入試広報課の及川篤史先生は説明されます。

生徒が案内役を務めるキャンパスツアー

まず、生徒によるキャンパスツアーの模様をお伝えしましょう。案内してくれたのは「先輩がキャンパスツアーを案内している姿を見て、自分もやってみたいと思いました」と話す高3の藤村直樹さんです。

自転車置き場からスタートし、進路指導資料室、交流ラウンジ、工芸室など、明るく開放的な校舎をめぐり図書館へ。図書館では休憩の時間があり館内を見学できます。休憩中も積極的に質問する参加者の姿が見られ、藤村さんは丁寧に答えていました。その後は広々としたグラウンドや県内の学校では初の室内50ｍプールなどの施設をまわりました。「プールの床は可動式で深さを調節できる」といった説明もあり、自分たちで見学するだけでは分からない情報を得られるのもポイントです。こうして45分をかけ学習施設から運動施設までを見て玄関で解散します。

キャンパスツアーは1日4回。初回は事前予約制ですが、それ以降は当日整理券が配られます。

授業やクラブ体験 その魅力を深く知る

キャンパスツアーに続いて訪れたのは各教科の授業体験です。

化学の実験を行う「行ったり来たりする不思議な反応」では、教員に加え在校生もサポートについていました。数種類の液体を混ぜ、その色が変わっていくようすを小学生たちが真剣に観察していました。

「プログラムで宝探し！」では、パソコンの画面上のカメをプログラミングし宝を探します。説明を聞き一生懸命取り組む参加者の姿が印象的でした。

蔵書数、約15万6000冊を誇る図書館も見学できます。

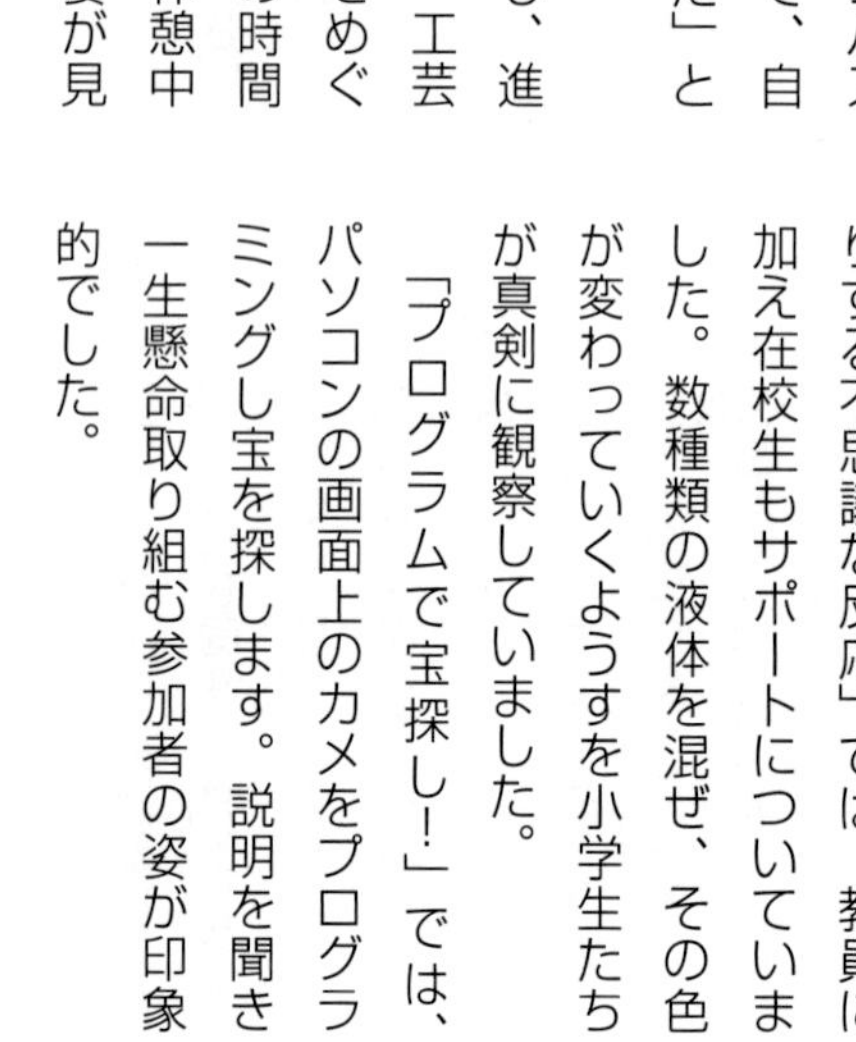

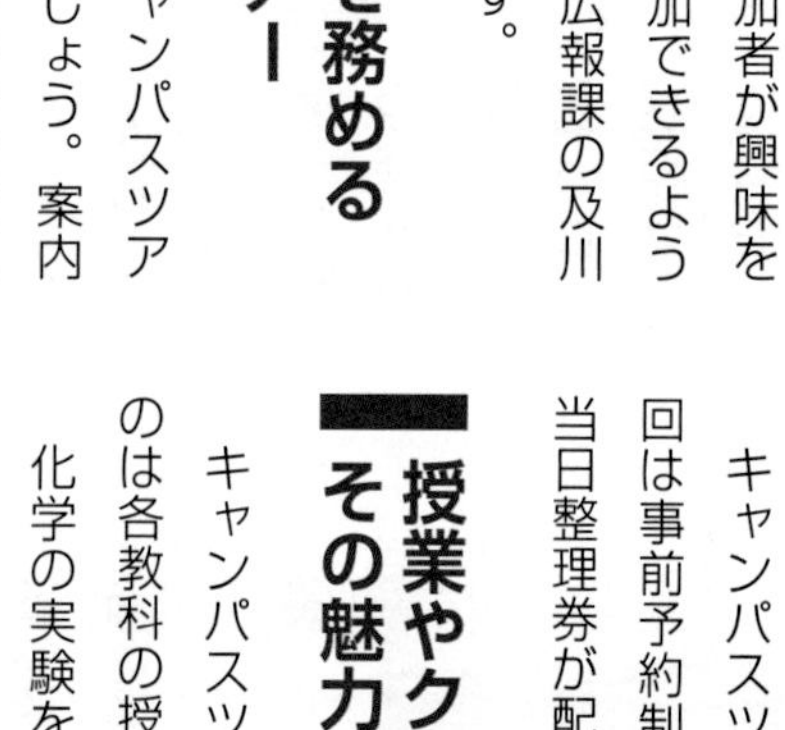

ツアー参加者からの個別の質問にも応じます。

キャンパスツアーでは、立教新座の生徒が案内役を務めます。

オープンキャンパス

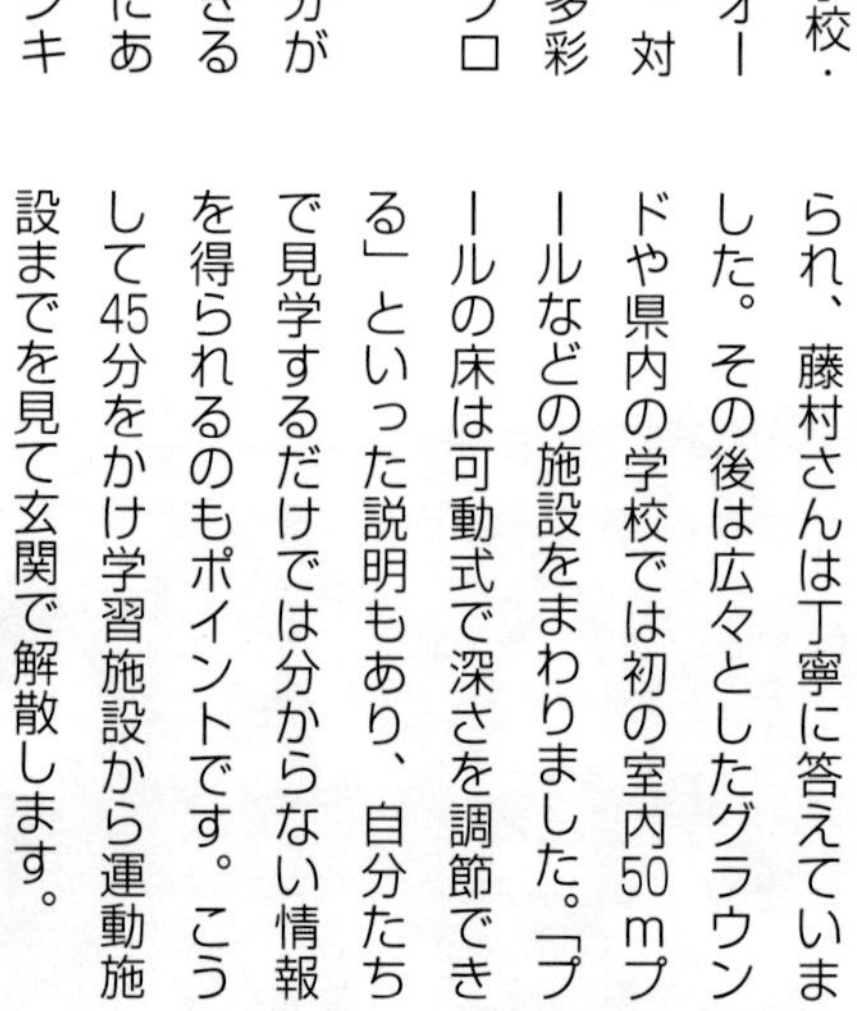

配られた宝の地図をヒントに
プログラミングに挑戦。

ネイティブスピーカーの教員
と楽しく英語で会話します。

ペットボトルのなかで数種類の液
体を混ぜると色が変化しました。

授業体験

真剣に実験に取り組む子どもたち。

「ネイティブスピーカーによる中1英会話体験」では、教員が各国の国旗を見せ国名を尋ねていました。小学生たちは英語の質問にも臆することなく積極的に答えていました。

　ほかにも「ことば遊びの日本語表現」「多面体について調べてみよう」「『真田丸』から見える歴史」といった各教科に加え、「聖書中学授業体験」など、「キリスト教に基づく人間教育」を建学の精神とする立教新座ならではの授業もありました。

　クラブ体験も人気で、体育館ではバスケットボール部が、グラウンドではラグビー部や陸上競技部が多くの参加者を集めていました。そして、文化部の鉄道研究会も大盛況。ジオラマ模型の展示に加え、部員手作りの切符型入場券を配ったり、プラレールで遊べるスペースを用意したりと、来場者に楽しんでもらうための工夫が感じられました。

　ほかにも、立教新座の歴史について知ることができる展示や教員による公開講座もありました。また、普段生徒が昼食に利用している生徒ホール・売店も開放されており、大勢の人でにぎわっていました。

　まさに「学校生活を疑似体験できる」（及川先生）オープンキャンパスで、参加者は興味のあるプログラムを通じて、施設や授業、クラブといった立教新座中学校・高等学校の魅力を深く知ることができます。

School Data

立教新座中学校・高等学校

所在地：埼玉県新座市北野1-2-25
アクセス：東武東上線「志木駅」徒歩12分またはバス、JR武蔵野線「新座駅」徒歩25分またはバス
ＴＥＬ：048-471-2323
ＵＲＬ：http://niiza.rikkyo.ac.jp/

展示に加え、模型の試運転もできる鉄道研究会は大人気。

クラブ体験

広々としたグラウンドや体育館でクラブ活動を体験。先輩たちと楽しく活動します。

Yamawaki Renaissance

進化を続ける山脇学園

あなたが未来を創造する場所

山脇学園の目指す教育

　山脇学園は創立より受け継がれてきた113年の歴史と伝統を礎に、「社会で生き生きと活躍できる女性のリーダーの育成」を新たな教育目標として、様々な教育プログラムを実施しています。「女性としての志を育てること」を教育の基本に据え、自分を知る「自己知」、自分を取り巻く社会を理解する「社会知」を土台とし、現代社会の様々な課題の解決に挑戦し、社会に貢献する志を育てています。

　昨年、多様な学びを実現する施設がすべてリニューアルを終え、生徒たちは日々、豊かな環境のもとで、新しい学力観を先取りした学習を実践しています。変化の激しい現代社会で活躍するためには、「学んだ知識を応用し、自ら考え、様々な問題に対し解決策を創造する力」が必要です。その前提となる知識の習得については、「ホームルームエリア」の全教室に設置された電子黒板を用いて、視覚的かつ効率的な授業を行っています。一方で、「プロジェクト型学習エリア」では、学んだ知識を生徒自身が活用し、主体的に考え、理解を深める学習を実践します。

高度理系専門職への志を育む サイエンスアイランド(ＳＩ)

　生徒が主体的に考え、解決策を創造する力を育てる「プロジェクト型学習（ＰＢＬ）」を実践するエリアとして「3つのアイランド」を設置しました。

　「サイエンスアイランド（ＳＩ）」は科学的探究心を育む、広大な実験・研究を行うエリアです。中学生には毎週「サイエンティストの時間」を設け、実験の授業を行い、科学的問題解決能力や、将来研究者として活躍する者に必要な「科学する心」と「実験技術」を身につけます。

　ＳＩには屋外実験場のほか、充実した実験装置を備えた2つの継続実験室があり、高度理系専門職への志を持つ中3希望者を対象に「科学研究チャレンジプログラム」を行っています。グループごとに研究テーマを決め、研究活動・継続実験を行い、3月に研究発表をします。また、このプログラムの一環として、5月に「西表野生生物調査隊」として西表島での調査活動をします。この調査活動での生物種の同定を通して、自然科学全般に通じる思考方法を身につけることができます。

国際社会で活躍する志を育む イングリッシュアイランド(ＥＩ)

　「イングリッシュアイランド(ＥＩ)」は、留学中の学習環境を擬似体験しながら英語力を磨き、国際交流を行う施設です。中学では「イングリッシュアイランドステイ」の授業があり、英語でのグループワークやプレゼンテーションなどで生きた英語を身につけます。放課後はネイティブ教員との交流や留学生を招いての様々なイベントを

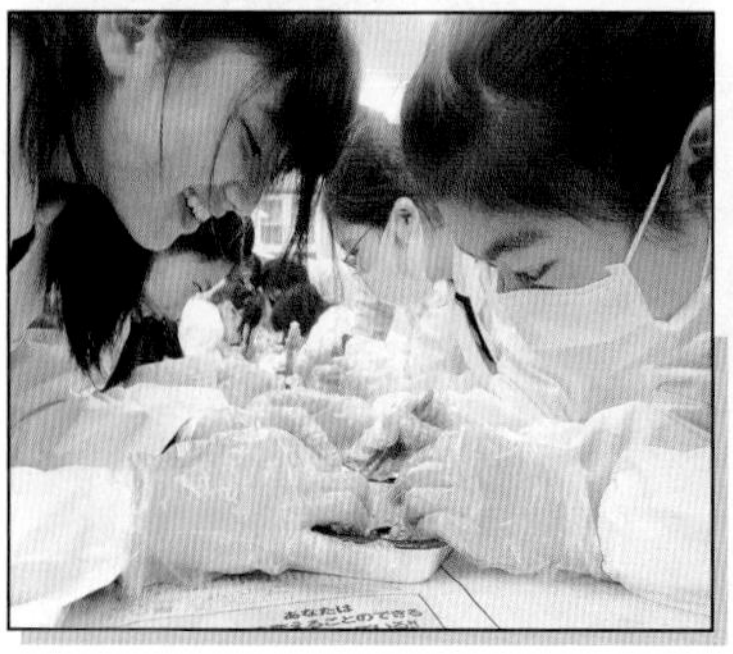

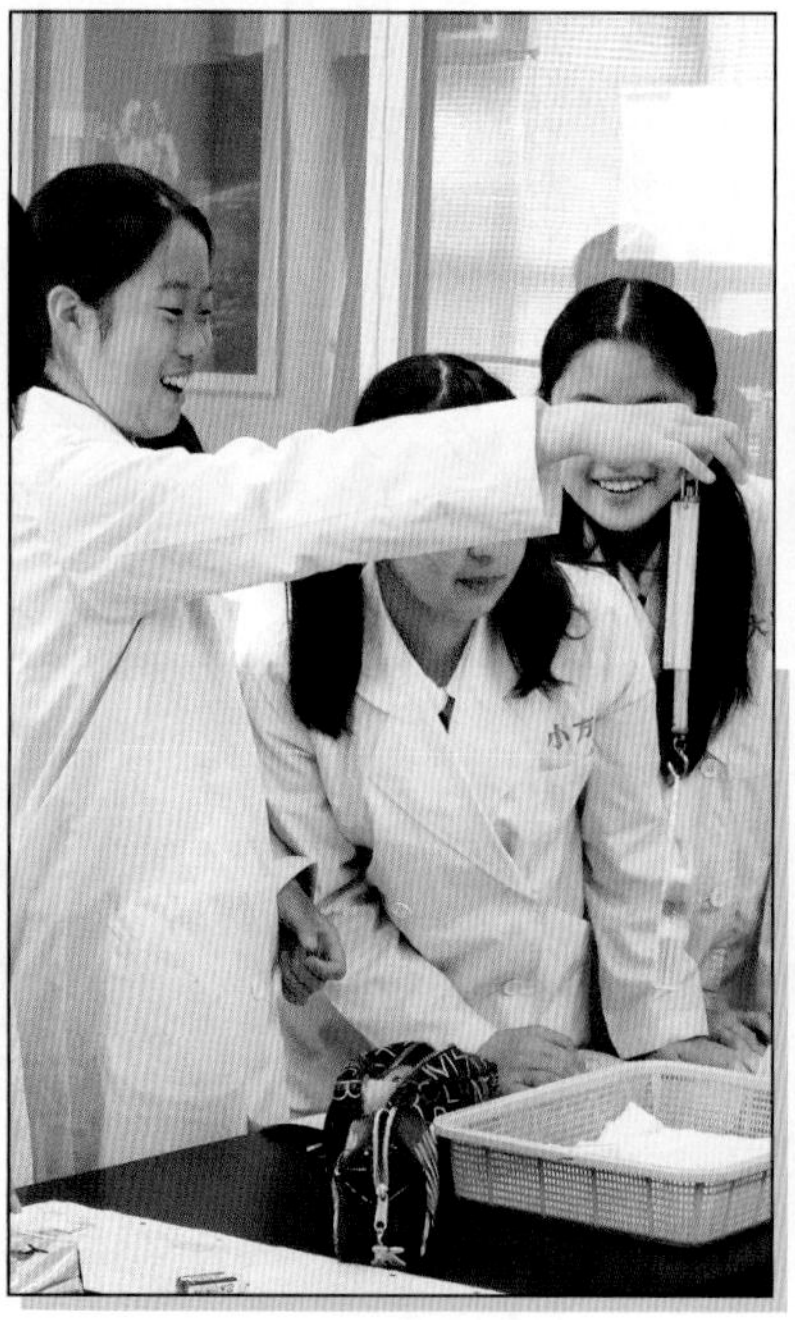

山脇学園中学校・高等学校

YAMAWAKI GAKUEN Junior High School

■所在地　東京都港区赤坂4-10-36
■アクセス　東京メトロ銀座線・丸ノ内線「赤坂見附駅」徒歩５分、東京メトロ千代田線「赤坂駅」・東京メトロ銀座線ほか「青山一丁目駅」徒歩７分、東京メトロ有楽町線・半蔵門線・南北線「永田町駅」徒歩10分
■TEL　03-3585-3451
■URL　http://www.yamawaki.ed.jp/

実施し、楽しい国際交流の場となっています。このＥＩで、中3希望者を対象に「英語チャレンジプログラム」が実施されています。将来国際社会で活躍する志を持つ生徒たちのＨＲクラスをＥＩ内に設置し、日常生活をできる限り英語で行うことで、英会話力を飛躍的に向上させるプログラムです。３月には、その集大成としてイギリスへの語学研修を実施します。

さらに英語をツールとした校内外の活動もさらに充実しています。夏休みには、アメリカの名門女子大から大学生を招いて、ＥＩで「エンカレッジメントプログラム」を行います。ケーススタディやディスカッションを行う中で、国際社会で女性として活躍するための志を身につける機会とします。また、校外学習の集大成となる高２修学旅行では、「私たちの世代が築く未来のアジアの平和」をテーマに、立命館アジア太平洋大学の留学生とグループワークやプレゼンテーションを行うなど、校外学習においても英語での取り組みをプログラムに組み入れています。

リベラルアーツアイランド（ＬＩ）での課題解決型学習

「リベラルアーツアイランド（ＬＩ）」は、知識を活用し、未知の克服課題を自ら考え解決する力を育むプロジェクト型学習の拠点です。国語科・社会科を中心に今年度から本格的に運用を開始し、グループディスカッションやプレゼンテーションといった議論の場として利用します。また、今年度新たにＬＩ部を立ち上げ、人文・社会科学系の様々なテーマに分かれて、アカデミックな研究活動や討論も行っています。

英語入試とクロスカルチャークラス

平成28年度入試より、これまでの「一般入試」（４科・定員２４０名）に加え、「英語入試」（英国算・帰国生入試と合わせて定員40名）を実施しています。この入試で入学した海外経験豊かな帰国生と、英語学習歴のある国内生からなる「クロスカルチャークラス」は、異なる生活環境で育った生徒同士の多様性を尊重しながら、国際社会で活躍できる力を育成します。

笑顔が輝くスクールライフ

山脇学園の生徒は皆、自分のやりたいこと、好きなことを持ち、学校の中で様々な居場所を持っています。放課後はそんな生徒の個性が溢れています。クラブに打ち込む生徒、ＥＩやＳＩの放課後活動に参加する生徒、カフェテリアでおしゃべりする生徒…下校時間ギリギリまで、それぞれのスクールライフを満喫しています。体育祭や山脇祭などの行事では、最高の力を出し切るために、その準備に余念がなく、当日は成功に向けた大きなエネルギーを見せてくれます。今日も学校生活の様々な場面で、生徒たちの笑顔とパワーが溢れています。

私学の図書館 vol.27

ただいま
貸し出し中

みなさん、読書は好きですか？私学の図書館では毎号、有名私立中学校の先生方から「小学生のみなさんに読んでほしい本」をご紹介いただいています。ぜひ一度、手にとって読んでみてください。

浦和明の星女子中学校

空気は見えないけれど、空気が動けば風になり、力を持てば台風にもなるし、空気を吸い出せば真空ができます。この空気の動きに着目して、身の回りの物や現象が、イラストと一緒にやさしく解き明かされるたびに、自然現象への関心が広がることでしょう。

（図書館司書　遠藤 恵子 先生）

「ワンダー・ラボラトリ 空気は踊る」

著　者：結城千代子・田中幸
価　格：1,500円＋税
発行元：太郎次郎社エディタス

現象を条理で解き明かす物理学者コンビと、不条理の世界を描く漫画家が、想像しかできない「科学の不思議」な世界を、想像以上の世界観で描き出す。
手元に置きたくなる、世界を描くあたらしい科学入門「ワンダー・ラボラトリ」。

絵本から大学教養レベルの資料まで揃った約10万冊の蔵書。3人の司書が利用者の支援をします。学習や読書の場であると同時に、憩いの場でもあります。複数ある展示コーナーで、常時様々な本を紹介していますが、特に図書委員担当のコーナーは毎回力作です。

ラ・サール中学校

14歳の息子とかつて14歳だった父親が年老いた母が住む小さな島にやってきた。30年前の夏、海で遭難した父を生き返らせるため、ドゥヤーギーの緑の体毛を手に入れようとする。中2男子限定のキャンプでは、3対3で対立し、腕相撲・PK戦・100m走で勝負する。（今年の本校入試の出典）

（副校長／国語科　谷口 哲生 先生）

「14歳の水平線」

著　者：椰月美智子
価　格：1,500円＋税
発行元：双葉社

好きなサッカー部も辞めてしまった中2の加奈太。最近、息子の気持ちが掴めない征人。夏休み、そんな父子が征人の故郷の島にやって来た。加奈太はキャンプで出会った子供達と交流を深める。30年前の夏、中2の征人。父親が漁から戻らない。息子と父親、そしてかつて少年だった父親の視点で交互に描く、青春＆家族小説の感動傑作！

鹿児島のシンボル・桜島を一望できる本館の4階にあり、中学・高校共用の学園図書館です。蔵書数50,000冊以上、特に自然科学系の図書が充実しています。また、広い閲覧スペースを備えており、読書に、調べものに、そして自習にと、頻繁に利用されています。

白百合学園中学校

「僕」が、子どもの頃に一緒に暮らしていた、いとこにあたるおばあちゃんとのクリスマスの思い出を綴った短編です。二人で焼く30個ものフルーツケーキや、お互いを思って用意するプレゼント。どの場面も温かく、読む度に幸せな気持ちになります。

（司書教諭　笠木 美希子 先生）

「クリスマスの思い出」

著　者：トルーマン・カポーティ
訳　者：村上春樹
価　格：1,571円＋税
発行元：文藝春秋

従姉のスックと犬のクイーニーとのささやかなクリスマス。画と文とが共に語りかける、カポーティの幼い日の思い出シリーズ最終作

約40,000冊の書籍と2,000枚のCDを所蔵しています。英語の本を読む機会が多く、またフランス語教育も行っているので、絵本や児童書から上級者向けの本まで幅広く洋書を揃えていて、中学生もよく借りています。生徒のリクエストも積極的に取り入れています。

攻玉社中学校

「橋」は昔から人間の生活に深く結びついているもので、毎日渡っている人も多いと思います。日本の橋には、見に行く価値のある美しいものが多くあります。本書ではそのような素敵な橋を紹介しています。お気に入りの橋を探しに、出かけてみませんか？

（図書館司書　小柴 高志 先生）

「橋を見に行こう
伝えたい日本の橋【第2版】」

著　者：平野暉雄
価　格：1,900 円＋税
発行元：自由国民社

歴史ある橋、周辺風景と調和のとれた橋、形の美しい橋、固有の形をした橋、素材を生かした橋、人々に親しまれている橋など、全国47都道府県の150橋を紹介。子どもから橋の専門家・風景写真に興味ある方まで楽しめる一冊。

蔵書数は約32,000冊で、午前中から放課後まで、夏休みなどの期間でも毎日開館しています。本校の生徒はわずか10分間の休み時間中でも、図書館に来て本を借りたりするほど本が好きで、年間のベ10,000冊を超える貸出があります。

渋谷教育学園渋谷中学校

心臓病を患っている 14 歳の少年が、実体験をもとに、患者が望む理想の医者にとって大切な8ヵ条について書いた本です。シンプルな8ヵ条ですが、文章には読み手への説得力と優しさが感じられます。

医者を目指す人にもそうでない人にも、たくさんの人に読んでほしい一冊です。

（司書教諭　渡部 華代子 先生）

「医者をめざす君へ
心臓に障害をもつ中学生からのメッセージ」

著　者：山田倫太郎
価　格：900 円＋税
発行元：東洋経済新報社

先天性の心臓疾患をもつ中学生・山田倫太郎くん。

この本は、「お兄ちゃんの病気を治すお医者さんになりたい」という弟・恵次郎くんに向けた「患者が望む理想の医者8ヵ条」を中心にまとめられています。

また、倫太郎くん自身の経験を元に、命の尊さや差別についても書かれています。

心臓に障害をもつ中学生の生のメッセージ。

子どもから大人まで、生きる元気を与えてくれる本です。

蔵書冊数は33,000冊。洋書も多く所蔵しており、最近は英語初心者向けの多読教材を積極的に収集しています。レポートや論文に役立つ図書や全集、また、SGH（スーパーグローバルハイスクール）に認定されているので、関連の図書も収集しています。

和洋九段女子中学校

なぜかうまくいかない時ってありますよね。投げ出したくなるそんな時、主人公のみさとは転校生・葉月と向き合い、また自分の気持ちとも向き合って、どういう自分でありたいかを見つけていきます。勇気を持って一歩踏み出すみさとを、応援したくなる本です。

（司書教諭　藤井 のり子 先生）

「ABC！
曙第二中学校放送部」

著　者：市川朔久子
価　格：1,500 円＋税
発行元：講談社

主人公・みさとはアナウンス経験のない、放送部員。しかも2人しかいない零細クラブだ。能天気な顧問と厳しい担任のせいで、毎週火曜日の昼の放送を行うこと、しかも部員を増やさなければならない状況に陥る。

クラスメイトからの嫌がらせが原因で、孤高の美少女転校生・葉月とのかかわりを持つことになったみさとは、思い切って葉月を放送部に誘う。

さらには気になるクラスメイト・新納まで、入部してくれて…。

温かな描写と、キャラクターたちが美しく輝く、心優しい青春小説！

中学棟2階にある図書室は、木のぬくもりのある落ち着いた雰囲気です。書籍は、小学校高学年から専門的なものまで幅広くそろえています。蔵書数は約50,000冊です。知識と情報のエッセンスが溢れています。ぜひ、見学にいらしてください。お待ちしています。

西大和学園中学校

「人生二度なし」。森信三先生が、小・中・高校生に向けて書いた講述書。立腰・挨拶・清掃・友情・自立など誰でもできることを通して、次代を担う皆さんの立志の書・発願の書になってほしいと思います。

これを読まずして、10代は終えられない。

（副校長　岡田 清弘 先生）

「10代のための人間学」

著　者：森信三
価　格：1,300 円＋税
発行元：致知出版社

「あいさつ」「清掃」「立腰《りつよう》」といった日常の習慣から、「責任」「自律」「耐忍」「いのち」などの深遠な人生論まで、師がこれだけは子供たちに伝えておきたいという16項目が列挙され、人生の土台を築く10代に最重要な学びがここにある。

蔵書は約32,000冊。このうち、約5,000冊が洋書。英語教育の一環で、中2・中3では英語多読の授業も実施。また、読書会・ビブリオバトルや選書ツアーの実施、図書委員文庫の設置など、生徒主体で図書室を盛り上げてくれています。

Jissen Joshi Gakuen Junior & Senior High School

実践女子学園 中学校 高等学校

東京 ／ 渋谷区 ／ 女子校

世界に羽ばたく 伝統と革新の教育

渋谷駅から徒歩10分、表参道駅から徒歩12分の閑静で緑豊かな文教地区に位置する実践女子学園中学校高等学校。近年は、大学合格実績の飛躍的な伸びをはじめ、様々な教育成果が躍進し続けています。

大学合格実績の飛躍的な伸び

実践女子学園中学校高等学校の、ここ数年の難関大学の合格実績は飛躍的に伸びています。下表グラフの２０１６年度におけるＧＭＡＲＣＨ以上の合格者２４４人は、前年度より在籍数が減少していることや一部の大学で合格者の絞り込みがあったため、若干の減少がみられますが、２０１１年度と比較しても２・５倍以上に増加しています。また、最難関の早慶上理ＩＣＵの合格者数は、前年度に劣らぬ65人と安定した合格者数を示しており、海外大学の合格者数、進学者数も確実に増加している傾向にあります。

なぜこれほど実績が伸びているのか。要因として次の３つが挙げられます。まず１つ目は、２００８年より推進してきた教育の形、すなわち「キャリア教育」「感性表現教育」「グローバル教育」「学力改革」の４つの要素を有機的に結びつけて人間力育成を目指す独自の教育体制が定着し、うまく機能するようになったこと。中でも「キャリア教育」で作成する「25年後の世界と私」というキャリアプランは、生徒たちの進路選択とその実現に向かうモチベーションの向上につながっています。２つ目は、講座の充実です。長期休業中の数多くの講座はもちろんのこと、日常的に早朝、放課後を利用して様々な講座が開講され、生徒たちの学習意欲を大いに高めています。３つ目は、生徒たちの進路をきちんと保証してあげたいと教員たちが一丸となり、熱い思いをもって取り組んできた成果なのです。

大学合格者数の推移

（国公立大＋早慶上理ICU＋GMARCH合計）

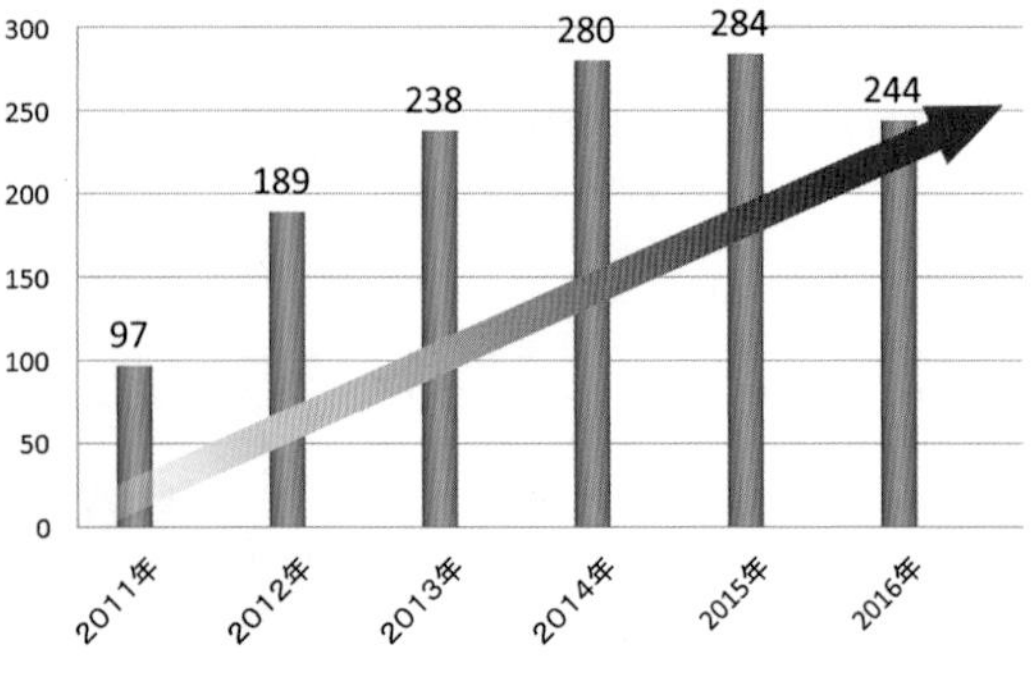

グローバル教育の充実

実践女子学園は、創立当初から世界に目を向け、積極的にグローバル人材育成に取り組んできた学校です。創立間もない明治36年には清国女子留学生部を設置し、現在の中国から多くの留学生を受け入れました。アジアの友好と女性の社会的自立のための取り組みを、教育の現場から担ったのです。

創立者下田歌子は、校歌の結びに「にほへ　やしまの　外までも」と詠いました。〝やしま〟とは日本のこと。グローバル社会の到来を見据え、教え子たちの活躍が世界に広がって

オンライン英会話

理科ゼミ

ほしいという願いを込めたのです。

帰国生の積極的な受け入れも、国際学級「グローバルスタディーズクラス（＝ＧＳＣ）」の設置も、交換留学制度の充実も、すべてその伝統を継承しているのです。

全日本高校模擬国連大会において、２０１１年から4年連続日本代表としてニューヨークの国際大会に出場しているのも、多様なバックグラウンドをもつ生徒たちが切磋琢磨する教育環境が生んだ成果と言えます。しかも２０１４年度は最優秀賞受賞という快挙でした。模擬国連は、高い英語力はもちろんのこと、プレゼン力、交渉力、課題解決力、リーダーシップといった、総合的な人間力が問われます。この大会で実践女子学園が4年連続で優秀賞を獲得しているのは、伝統の人間教育と革新の取り組みが融合し、生徒たちの中にまさに時代が求めるグローバル人材としての人間力が養成されてきている証と理解できます。ちなみに、同校の過去4年の優秀賞受賞チームは、国際学級と一般学級の生徒が毎年交互に受賞していることから、実践女子学園の英語教育およびグローバル教育が非常に充実していることが伺えます。

模擬国連ＮＹ世界大会

新たな取り組み

実践女子学園が今新たに取り組んでいるものに、「サイエンス探求プロジェクト」があります。これは、理科と英語のコラボレーションにより、自ら考え、自ら究め、自ら実行する力を養い、多様化する国際社会で活躍できる女性を育成することを目指すものです。最終的にはアメリカ西海岸のスタンフォード大学とカリフォルニア大学バークレー校に出向き、研究の成果をプレゼンするとともに、現地の教授、学生たちとの交流も予定されています。それに向けて、「理科ゼミ」「プレゼンテーション研修」「オンライン英会話」などがスタートしており、プロジェクトが着々と進行しています。

21世紀に求められている力は、これまでの受験偏重型の学力ではなく、「考える力」や「表現する力」、さらに「課題を探求し解決する力」といったグローバル社会を生きる力です。実践女子学園は、伝統の理念をしっかりと堅持しつつ、新たな時代の新たな女子教育の構築を目指して革新を続けています。そして、今まさに生徒たちは、海外留学に、海外進学に、海外就職にと、この渋谷の地から世界へと大きく羽ばたいているのです。

《グローバルスタディーズクラス（GSC）説明会》
9月 3日（土）　14:00～16:30

《学校説明会》
第３回　10月15日（土）　13:00～15:30
第４回　11月12日（土）　13:00～15:30
第５回　12月17日（土）　13:00～15:30
第６回　1月14日（土）　10:30～12:30

《運動会》
10月 8日（土）　8:40～15:00

《ときわ祭》
10月29日（土）・30日（日）
9:00～16:00
※両日とも進学相談室を開設。

実践女子学園中学校高等学校　http://hs.jissen.ac.jp
〒150-0011　東京都渋谷区東1-1-11
TEL 03-3409-1771　FAX 03-3409-1728

ココロと カラダの特集

身体の成長が著しい小学生。
心のなかも、さまざまに揺れながら伸びようとしています。
ついつい大人の目で見てしまいがちな子どもたちのココロとカラダ。
ちょっと立ち止まってゆったり向かい合ってみませんか。

シリーズ　子どもを伸ばす子育てのヒント 14

子どもの「いじめ」にどう向き合えばいいか

的場永紋
まとば・えいもん
臨床心理士。
東京都スクールカウンセラー。
草加市立病院小児科、
越谷心理支援センターでも
心理相談を行っている。

いじめの防止に重要な「仲裁者」という存在

たびたび、いじめ自殺問題が起きて、マスメディアで取り上げられます。マスメディアでいじめ問題がクローズアップされる度に、わが子もいじめ被害にあわないだろうかと不安になることもあろうかと思います。2013年には、「いじめ防止対策推進法」が成立し、施行されました。この法律により、学校は「いじめ防止基本方針」を立て、いじめ防止のための組織を設置することを義務づけられています。つまり、いじめ問題に学校組織全体で計画的に取り組む必要性が強調され、明記されました。しかし、それ以降も残念ながら、いじめは起きています。

いじめ問題について、被害者や加害者、そして学校の事後対応に注目しがちですが、いじめとは、単純に被害者と加害者との間だけで起きているわけではありません。基本的にいじめは、教室という集団内（クラス）で起きますが、その集団内には、被害者と加害者だけでなく、「観衆」や「傍観者」という存在がいます。「観衆」とは、いじめが行われているときにその周囲ではやし立てる者です。いじめの行為に直接加わることはしないけども、いじめ行為を楽しみ、加害者のいじめ行為を助長してしまう存在です。また、「傍観者」とは、いじめ行為自体は、良くないことだとわかってはいるものの、そのまま見て見ぬふりをしてしまう者です。多くの傍観者たちは、いじめを止めたい、なくしたいと思っています。しかし、もしやめるように声をあげたら、自分が次のいじめのターゲットになってしまうのではないかという不安のために、発言できずにいる存在です。いじめは、「被害者」「加害者」「観衆」「傍観者」という4層構造の中で起きています。これらのことをふまえて、教育現場のいじめ対策としては、「いじめをおもしろがったり、見て見ぬふりすることなく、いじめにNOと言える子ども」「いじめを認めず、解決できる子ども」に育てることを目指しているのです。

いじめへの対策として一番大事なことは、未然防止です。いじめが起きてからではなく、いじめが生じないようにする予防的なアプローチです。あるいは、いじめが起きたとしても、いじめがエスカレートし、長期化する前に、解決を図ることです。そのためには、いじめを止めようとする「仲裁者」を増やすことが大事になります。いじめを見かけたら「観衆」や「傍観者」になるのではなく、「仲裁者」になれるようにしていくことが大切なのです。加害者がいじめを止めた理由として、同級生から「いじめはよくない」「相手がかわいそうだ」「いじめやめなよ」と言われたことが一番多いのです。小学校高学年から中学生、高校生の年代は、大人よりも同年代からの仲裁により強い抑止力があります。「いじめが親や先生に見つかって叱られるのが嫌だから」などの打算的な理由でいじめをやめるこ

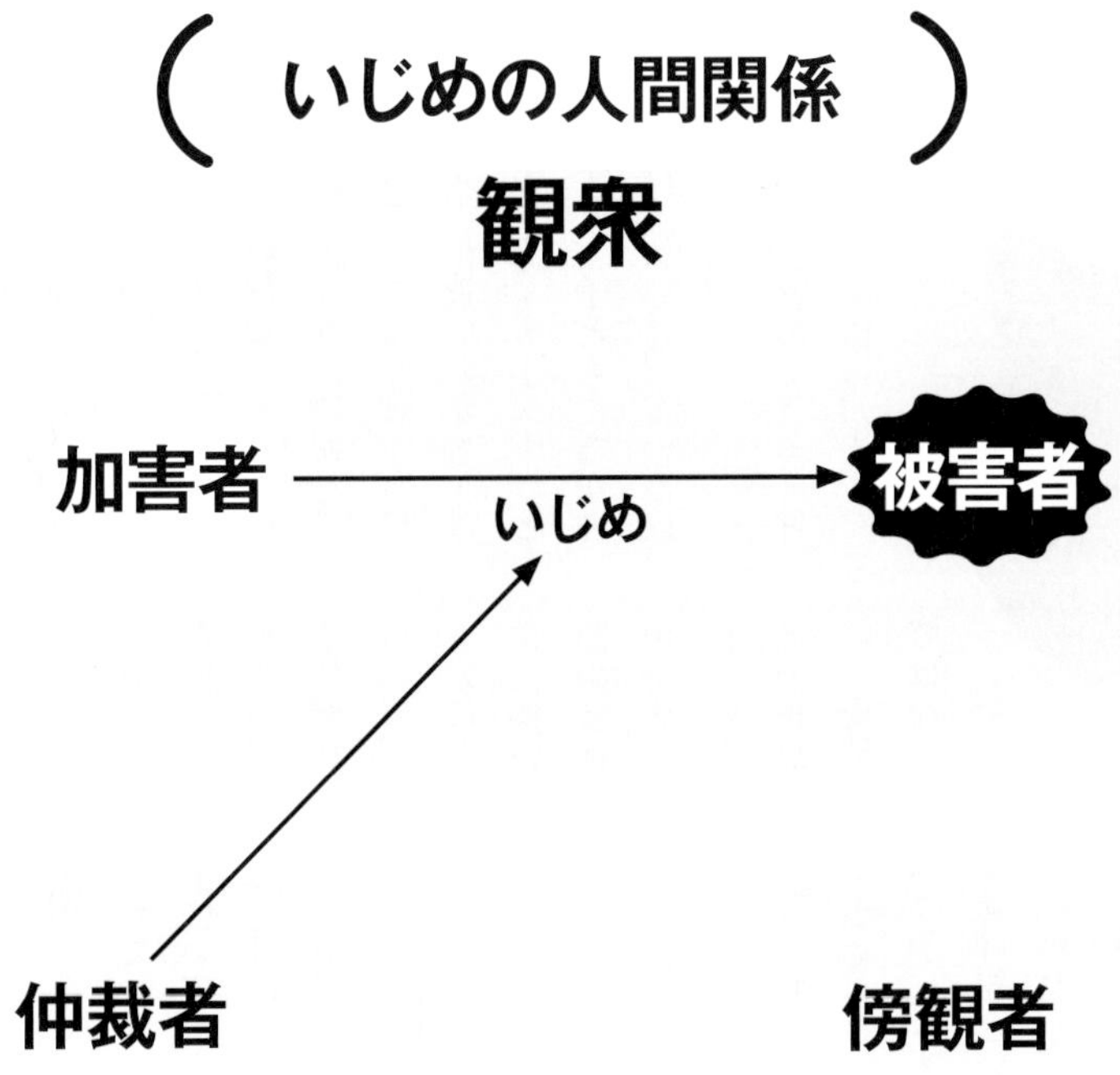

いじめで自殺というようなニュースを聞くと、わが子は大丈夫だろうかと誰でも心配になります。いじめの防止に学校も取り組んでいるはずなのに、なかなか、なくなりません。そもそも、いじめはなぜ起こるのでしょうか。そして、それを防ぐ方法はあるのでしょうか。いじめが生まれる背景や親がすべき対応について臨床心理士の的場永紋さんに話してもらいました。

とは、残念ながらあまり多くありません。むしろ、いかに子どもたち自身が、いじめの不当性に気づいて、いじめを子どもたち自身が主体的に止められるかが大事なことなのです。「仲裁者」といったクラスメイトからの制止によって、加害者自身がいじめの不当性に気づき、さらに被害者の気持ちにも気づくことによって、いじめをエスカレートせずに、解消できるのです。多くのいじめの被害者も、友だちやクラスメイトから止めに入ってほしいという気持ちを強く抱いています。だからこそ、信じていた友だちやクラスメイトが「傍観者」になってしまうことは、加害行為を受ける以上に、つらいことになってしまうのです。

　しかし、傍観せずに「仲裁する」という行動をとれるかというと、難しいのも現実です。なぜなら、思春期の子どもたちの集団では、みんなと違うことは排除されやすく、〝みんなと同じでないといけない〟という同調圧力が強くなるからです。クラス内で、「加害者」や「観衆」が多数派であれば、その周囲にいる人たちには多数派の同調圧力がかかり、「傍観者」になってしまいやすいのです。

いじめを生む背景には勝ち組負け組の意識が

いじめが生じる背景には、同調圧力だけでなく、子ども時代からの過度な競争意識やそれに伴う自分への評価の懸念もあります。現代の子どもたちは、常に評価される立場に置かれているために、他者からの評価に敏感になり、低評価される不安を抱きやすいのです。近年は、それに加え、「スクール・カースト」という言葉が子どもたちの世界にも広まり、より子ども

たちが、自分の教室内での序列を強く意識するようになっています。同年代同士でも上下関係を過度に気にし、自分の立場がより下に落ちないように、周囲に気を配り、全体の空気に合わせやすくなっています。何か教室内で異質な行動（空気を読めない行動）をしたら、上位の立場からより下位に転じてしまうかもしれない恐怖と常に戦っている状況に近いのかもしれません。「スクール・カースト」という言葉により、子どもたちが仲裁の声を上げづらくなっている面もあります。

いじめを防ぐことのできる「仲裁者」増やしていくには、まず、大人が変わっていかなければならないと思います。社会全体に「スクール・カースト」という言葉と同様、「勝ち組負け組」「格差社会」など、上下関係を意識させられる言葉があふれています。みんな同じ地平線上にいて、ただ興味や関心、価値観、目標が異なり、それぞれ進む方角が違うだけであるのに、上下関係（序列）でしかものごとを捉えられないのは、非常に狭い〝ものの見方〟です。人間の多様性を尊重し合って、その中で各々の個性（異質性）を活かしていくという視点を大人が持ち、その視点で子どもたちを見守っていく姿勢が強く求められているのではないでしょうか。まずは、親が勝ち組や負け組といった狭い〝ものの見方〟で子どもを見ていないかどうかを振り返ることが大切だと思います。

そして、大人がいじめをしないお手本を見せることです。人に対するやさしさを示す、困っている人がいたら、押し付けがましくならないように手助けを申し出る。また、自分の子どもに対しても、自分共感を示し、否定ばかりしないことが大切です。そのような姿勢を子どもたちに見せることで、相手を思いやる気持ち（共感性）を育んでいくことができます。いじめの加害者は世代伝達するという研究報告があります。親がいじめをしていた場合、その子どももいじめをする可能性が高いということです。親のふるまいを子どもはよく見て、学んでいるのです。

相手の痛みがわかる共感力のある子どもや自己肯定感の高い子どもはいじめをしません。他者からの評価に関係なく「自分は自分でいいんだ」と思えるため、周囲でいじめが起きた時にその不当性に気づき、勇気を持って仲裁することができます。

はっきりしない段階で いじめ対応を開始する

いじめ対応の基本は、早期発見し、早期対応し、早期解決することです。発見が遅れるほど、子どもはしんどい思いを重ねてしまい、長期的になればなるほど、心にダメージを受けてしまいます。いじめは隠蔽が本質的につきまとうため、大人にはなかなか発見しづらい面がありますが、いじめ受けているときに子どもが示すSOSのサインがあります。

①言語でのサイン：「つらい」「学校に行きたくない」などと言って朝、登校を渋るなど、学校がつらいことを言葉に出して訴えます。その際、「いじめられていると自分から言う子どもは、大したいじめを受けていない」というのは大きな誤解です。しっかりと、子どもの声に耳を傾ける必要があります。

②症状でのサイン：腹痛、食が細くなる、下痢、食べても吐いてしまうなどの消化器系の症状や頭痛、不眠、過呼吸、体のだるさを訴えるなど、身体的な不調が表れます。

③行動でのサイン：普段と行動パターンが急に変わります。交友関係の変化。帰るのが

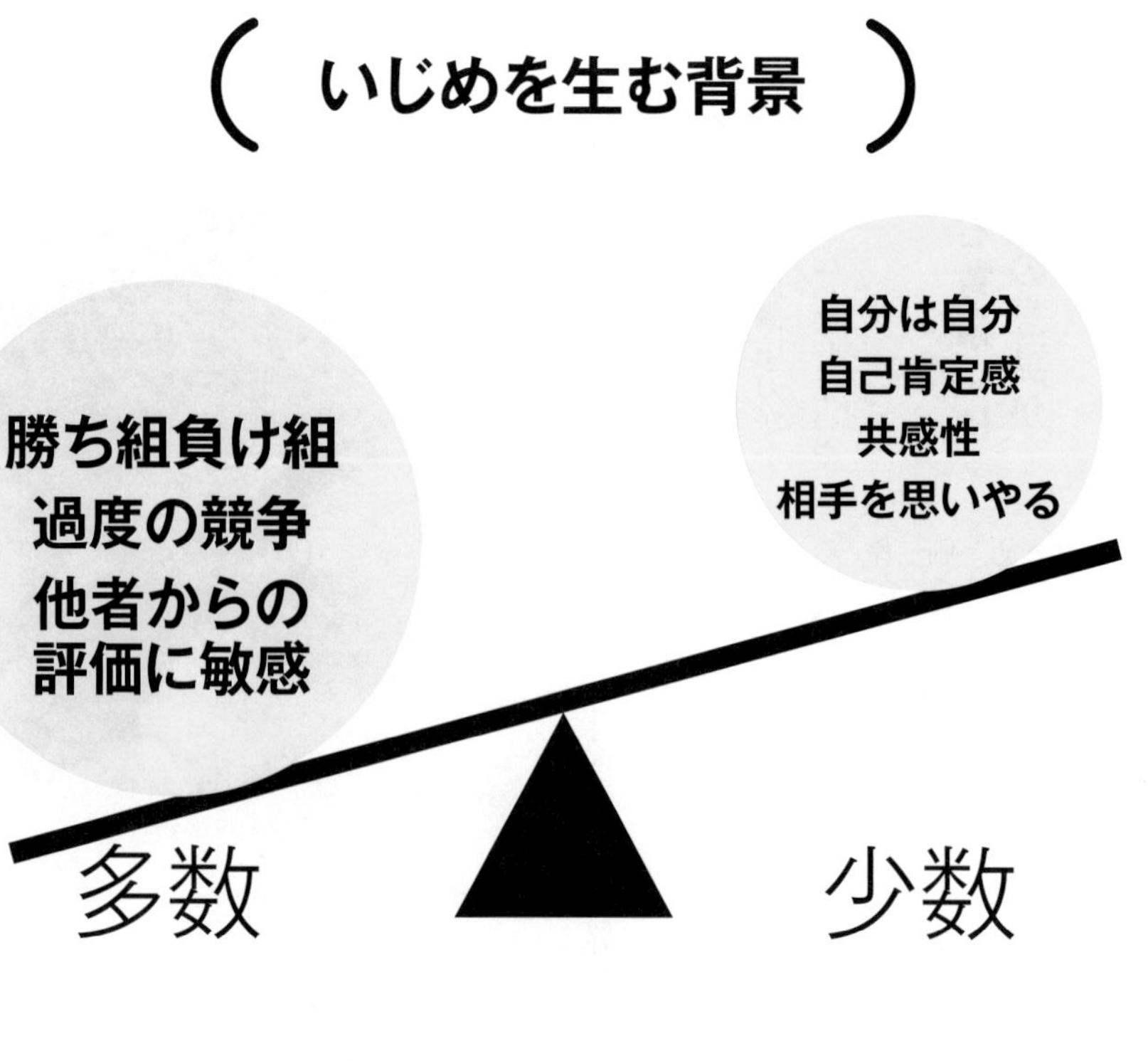

急に遅くなる。高額なお小遣いを要求するようになる。貯金がいつのまにかなくなる。親の財布から金を持ち出している形跡がある。持ち物を無くしたり、学用品が壊れていることが増える。身体的被害を受けているのを隠そうとし、着替えをできるだけ見られないようにする。服が破れたり汚れが目立つ。ボーっとしていることが増える。家庭で反抗的になったり、八つ当たりが多くなる、年下のきょうだいをいじめる。

以上のようなサインをつかみ、わが子がいじめにあっていると気づいたら、「最近、学校どう?つまらなそうなんだけども、気のせいかしら?」とさりげなく学校の話題をふってみて、その反応を観察しながら、タイミングをはかって、「自分がいじめられているんじゃないかな、なんて思うこともある?」とたずねてみてください。うなずいたり「そんなことないけど、最近あまり話しかけてくれなくなったな、と思うことはある」などと答えた場合、いじめが起きている可能性があると判断してよいと思います。いじめられた子は、自分がいじめられているということを認めるのは非常に恥ずかしい、情けないと思っています。そのため、軽めに表現することが多いです。また、「いじられキャラ」として自分のポジションを保っている子は、なおさら自分がいじめにあっているということを認めづらいでしょう。

「軽めの表現だから大丈夫だろう」と安易に判断するのではなく、いじめかどうかはっきりとしない段階から、積極的に学校と連携していくことが大切です。周囲の大人たちが、いじめかはっきりしない段階から、敏感に子ども同士の雰囲気をくみ取って、何かしらのアクションをすることで、深刻ないじめにならずにすむのです。もしも、子どもからの勇気ある告白を聞いたときは、心して子どもの訴えを受け止めて聴いてください。その際、「そんなことぐらい気にしないようにすればいいのよ」「もっとあなたが強くなればいいのよ」「あなたにも悪いところがあるのよ」の3つの言葉は絶対に言ってはならない禁句です。いじめられる側にたとえ、欠点や短所があったとしても、いじめられるような非は全くありません。欠点や短所があるということと、いじめられることは全く別なことです。欠点や短所があるから、いじめられても仕方がないという発想は間違いです。短所があることと、いじめられていることをはっきり区別して対応していくが肝心なことです。いじめが解決した後に、短所は短所として、改善していけばいいことです。

いじめは親だけでは決して解決ができない

子どもといじめ被害を共有できたら、いじめ被害を受けた子どもの安全安心を第一にしながら、学校と協力していじめへの具体的な対策を検討していくことが必要です。いじめは、親だけでは決して解決できないことです。現代のいじめ問題は、これまで述べたように、「被害者」と「加害者」の関係だけでなく「観衆」や「傍観者」の存在もあり、さらにLineやツイッターなどのSNSによるネットいじめも多くなっており、単純にクラスの担任の力だけで対応できる範囲を越えつつあります。だからこそ、いじめを解決していくためには、家庭と学校で協力し合い、いじめ対応のチームを結成していく必要があります。加害者だけにアプローチしてもあまり効果は少なく、クラスという単位、さらには学年、学校全体といった子ども集団へのアプローチが必要になります。さらに、加害者の親だけでなく、観衆や傍観者になっている子どもの親も含めた、保護者全員が問題意識を持つことも大事です。うちの子はいじめられていないから関係ないと傍観者にならないでほしいのです。もし、クラスメイトがいじめられていると子どもからの訴えを聞いたら、ぜひ、他人事にせずに、いじめ問題として向き合ってほしいです。子どもたちが安心して学校生活を送れるように何ができるのかを、教師集団と対話を通して知恵を出し合うことが、早期に改善へと向かう力になります。学校や先生と敵対関係になってしまうと、解決を余計にこじらせてしまうことが多いです。親の方から協力して解決していく姿勢を示し、賢く学校と連携していくことが求められます。

（いじめられた子に絶対に言ってはならない3つの禁句）

1「そんなことぐらい気にしないようにすればいいのよ」

2「もっとあなたが強くなればいいのよ」

3「あなたにも悪いところがあるのよ」

いじめられる側にたとえ、欠点や短所があったとしても、いじめられるような非は全くありません。欠点や短所があるということと、いじめられることは全く別なことです。

 次ページの「親と子の悩み相談コーナー」に関連記事があります

的場永紋先生の

親と子の 悩み相談コーナー

子育てに悩みはつきもの。
日々、子どもと接しながら、
親として迷ってしまうのは当然のことです。
そんな時のヒントになるように、
専門家にアドバイスを聞きました。

相談1 子どもがいじめをしてしまうのは、どうしてなのでしょうか。

いじめを行ってしまう子どもは、かなり**ストレスの高い環境に置かれており、心に過度の負荷がかかっています**。例えば、夫婦間でのDVや家庭内別居状態、アルコールの問題や言葉による暴力、嫁姑関係が険悪など、強い緊張感や葛藤が伴う家庭環境があったりするのです。また、**親からの過度の期待**がプレッシャーになっていたり、**受験競争**のストレスや、**きょうだい間での比較**によるストレスが背景にあったりもします。他には、**放任による愛情不足**、**親や教師からの過度の叱責や拒否的態度**、**同年代や先輩・後輩との人間関係**で生じる対人ストレスなどもあります。

様々なストレスフルな状況の中で、いじめ加害者の心は、イライラや強い怒り、漠然としたモヤモヤ、ねたみなどの否定的な感情でいっぱいになっているのです。そうなると当然、他者を思いやる余裕はなくなり、その蓄積された否定的な感情を「いじめ」という手段で発散してしまうのです。ある意味、**他者を攻撃し、おとしめることで、自らの心のバランスを取り戻そうとしている**といえます。

また、自分がかつていじめられた経験（子どもからだけでなく、大人からいじめられる場合も多くあります）があり、あるきっかけで今度はいじめる側にまわることもあります。それは、加害者側に立つこと（優位な立場になること）で、傷ついた心を回復させる試みであり、必死に自尊心を取り戻そうとしている姿ともいえます。被害にあった時に誰も助けてくれなかった怒りや恨みを晴らすために、いじめをして復讐していることもあります。

相談2 わが子がいじめをしているのを発見したら、どうすればいいのでしょうか。

まず、親として、わが子がどうしていじめをしたのかを、真剣に考える必要があります。子どもの現在置かれている生活環境だけでなく、これまでの成長過程でどのような否定的な感情が蓄積されてきたのかを振り返ってみることです。もし、子どもに過度のストレスがかかっている場合、負荷が減るように環境を改善していくことが必要です。

加害者の子どもの多くは、最初は**いじめの行為を正当化します**。そのため、ただ単に叱責や罰を与えるだけでは、目に見えるところでいじめをしなくなるだけで、根本的な解決にはなりません。いじめ行為を継続させないためには、なぜ自分がいじめという行為をしたのかを理解しないといけません。**いじめをしてしまった〝自分の弱さ〟に気づき、その自己理解を踏まえて、「いじめ」という形ではないストレス解消法や、欲求を満たす方法を身につけることが必要**です。

そうなるためには、いじめ行為の裏にある隠された否定的な感情と向き合い、それを言語化しなければなりません。子どもの心の中で溜まっている思いを聴き出さない限り、本当の内省にはつながらないのです。

共感される体験があって、初めて他者の気持ちを考え、他者の痛みを心から感じ取ることができるようになります。これらの作業は時間がかかり、数回の対話で済む話ではありません。長い場合では年単位の継続した対話が必要になります。決して親御さんだけで抱えずに、学校の先生やスクールカウンセラーなどと協力し合いながら関わっていくとよいと思います。

子どもたちは今 保健室より

ぞうきんをしぼれない5年の男の子がしぼり方の練習をする

保健室は子どもたちにとって
大切な居場所です。
そこでは、担任の先生や親の前とは
違った顔を見せてくれます。
子どもたちの今を、
保健室よりお伝えします。

文◉五十嵐彩・いがらし・あや
東京都内の公立小学校で養護教諭
イラスト◉土田菜摘

おにぎりを握るように ぞうきんをしぼる

新年度、新しく保健室掃除を担当することになった5年生のグループがやってきました。子どもたちと一緒に掃除をしていて、ふと振り返るとバケツをひっくり返したのかと思うくらいに床が水浸しになっています。何があったのかなと見渡すと、リョウマがぞうきんがけをするたびに床がどんどんぬれていくことに気がつきました。

「リョウマ、もうちょっと、ぞうきんしぼってよ。床が水浸しだよ」

リョウマがぞうきんをしぼっている様子を見ると、おにぎりを握るように丸まったぞうきんを両手でギュウギュウとしています。「リョウマ、ぞうきんのしぼり方、わからないの？」「…わかるよ。こうでしょ、でもこうやってもあんまり変わらないけどね」と言って、一応、一般的なぞうきんしぼりをしてみせました。周りの友人たちも「リョウマのぞうきんしぼりはいつもこうだよ」と言います。「リョウマ、ぞうきんがしぼれないんじゃ困ることもあるでしょう？」「別に。友達にしぼってもらうから」「本当に困らない？」「できた方がいいと思うけど、上手にできないし…」と唇をとがらせました。

教えるとなると難しい ぞうきんのしぼり方

そこで、「家で台ふきのお手伝いをしよう」ともちかけました。しかし、「絶対にやりたくない！」と頑に拒否されてしまいました。「僕がふいてもテーブルがぬれるだけだし、できないならやるなと言われるだけだもん」と言います。ますます唇をとがらせてしまったリョウマに、「じゃあ、保健室掃除中に練習して、おうちの人を驚かせようよ！」と提案しました。「どうせできないよ…」とぶつぶつ言いながらも渋々提案を受け入れてくれました。

私は、まず正しいぞうきんのしぼり方を教えました。教えるとなるとなかなか難しく、子どもの小さい手で厚いぞうきんを握らせると掴みきれないことや、力任せに指にだけ力をいれても水が切れないことが分かりました。まず、リョウマの手に合うような薄手のぞうきんを準備して、手首を返すようにぞうきんをもってから手首をひねるようにすることを伝えました。そして、同じグループのカズマにリョウマがぞうきんをしぼるときには一緒に隣でぞうきんをしぼってもらうようにしました。カズマの真似をしながら何度もぞうきんをしぼったことで「ぞうきんをしぼる感覚」が分かってきたようでした。実は、この練習期間には、リョウマが自分でぞうきんをしぼった後も、私やグループの友だちが「仕上げしぼり」を行っていたのですが、何日か続けている間に誰ともなく「最近、仕上げしぼりの水が減ってきたね」と言い始めました。

それからしばらくして、家で台ふきのお手伝いをしたという報告がありました。「お母さんにぞうきんしぼるのうまくなったでしょ。練習したんだよって言ったんだ。そしたら、『え！しぼれなかったの』って驚いてた」とも言っていました。

日常での様々な経験を 一つ一つたどらせる

私が学生だった頃、学校現場で働く先生方に、「ぞうきんをしぼれない子」や「靴ひもを結べない子」「手先が不器用な子」が増えているということを教わりました。家庭では、掃除機やモップを使うことが多くなり、ぞうきんがけをする機会が激減していたり、マジックテープ付きの靴が増えたりと、できなくて困るということはかつてよりも少ないのかもしれません。生活体験の不足や便利になりすぎた生活によって、今までは日常生活の中で当たり前に獲得してきた技能が、獲得されないままになってしまっているのです。できないから仕方がないで済ませてしまうのではなく、「ぞうきんをしぼる」というような、日常の様々な経験を一つ一つたどらせることも、子どもの成長を見守る一つなのだと改めて気づかされました。

子どもたちの名前は仮名です。個人が特定できないように事実関係に手を加えている場合があります

特集2

薬の正しい使い方を子どもにも教えよう

例えば、みなさんは目薬をどんなふうにさしているでしょうか。薬がゆきわたるように1～2滴さしたら目をパチパチする。そう答える人が多いのではないでしょうか。しかし、これでは薬が流れ出てしまいます。正解は「目薬をさす前に手を洗い、さしたら静かに目を閉じて目頭を押さえる」。

この例に限らず、「医師や薬剤師が考える以上に薬は正しく使われていないのではないか」と話すのは、帝京大学薬学部実務実習センター教授の齋藤百枝美先生。齋藤先生によれば、フランスでは、90年代から9～18歳を対象に薬の正しい使い方教育が学校で実施されています。しかし、日本ではこれまで「くすり教育」の機会がなく、何も教えられないまま個々の「常識」に任される形になっていました。小中高生を対象にした薬に関する調査では、服薬時間の「食間」を「食事と食事の間」と正しく理解している子どもは約30％に過ぎず、「食事をしている最中に薬を飲むこと」と多くの子どもが勘違いしていたのです。

自分の健康は自分で守るセルフメディケーションという考え方がWHO（世界保健機構）の提唱で推進され、これを機にようやく日本でも、2012年から中学の保健体育の中で「くすり教育」がスタートしました。しかし齋藤先生は「それでは遅い」と言います。

大切なのは、飲む量飲む時間、飲み方

「健康に関わる良い習慣というのは、小学生の頃から少しずつ培われて青少年期に形成されるもので、くすり教育はその土台になります。ですから、小学校3～4年生くらいからくすり教育を始めるのが望ましく、保護者の方にもぜひ関心を持っていただきたいと思います」（齋藤先生）

まずは親御さん自身が薬の扱い方を見直し、家庭教育の一環として、基本的ルールを子どもに伝えていきましょう。大切なのは、飲む量、飲む時間、飲み方です。

良い効き目を得て、副作用を最も少なくするために、薬は決められた量を決められた時間に飲みます。「こわいから半分にしておこう」はNGです。いつ飲むかは薬によって異なり、「食前」は食事の約30分前、「食後」は食後30分以内、「食間」は食後2時間くらいを目安にします。

「時間を守って欲しいのは、血液の中の薬の量、血中濃度を適正な濃度に保つためです。決められた時間に服用すれば、最も効果的で副作用の心配がない、ちょうどよい量の薬が体の中にあるということになります」（齋藤先生）

飲み忘れた場合、一般的には、次回まで時間があれば気がついた時点で飲み、次回を少し後にずらします。間がないようなら、重複して血中濃度が高まらないよう、飲み忘れた分は休薬とし、次回からきちんと飲んでいきます。飲み忘れを防ぐには、薬袋に簡単な服薬カレンダーを書き込んでチェックしていくといいでしょう。

次に飲み方ですが、薬を飲むときはコップ1杯の水、またはぬるま湯で飲んでください。少しの水でも薬が飲み込めればいいのではないかと考えるかもしれませんが、「コップ1杯分の水」は必要です。理由はふたつ。のどにつかえるのを防ぐためと、胃の中で薬がすばやく溶けて吸収されやすいようにするためです。とくにカプセルは

薬の正しい使い方は、
大人でも意外に知らないものです。
子どもなら、なおさらです。
親がまず、薬の使い方を見直し、
子どもにも正しいルールを伝えていきましょう。
それが家族の健康につながります。

文◉深津チヅ子　イラスト◉土田菜摘

途中でノドにくっつきやすいので注意が必要です。種類によっては、溶け出した薬でノドや食道に潰瘍ができてしまうこともあります。子どもに薬を飲ませるときは、上体を起こし、十分な水で飲ませてください。

牛乳やジュースで薬を飲むのはどうでしょう。

「抗菌薬や抗生物質の中には、牛乳のカルシウムやスポーツ飲料に含まれるマグネシウムと反応してキレート（化合物）を作り、薬の吸収を妨げるものがあります。薬が効かないからと、別の薬が追加されることにもなりかねないので注意を」（齋藤先生）

抗菌薬や抗生物質は最後まで飲み切ること

薬には、こうした相性の悪い「飲み合わせ」があるので、薬剤師に確認しておくとして安心です。お茶については、鉄剤と反応するという理由で、飲んではいけないと以前はいわれていましたが、現在は薬への影響はほぼないとされています。

カプセルや錠剤が苦手という子も多いかもしれません。しかし、噛み砕いたりカプセルをはずして飲むのはいけません。薬によっては長時間作用を持続させたり、胃ではなく腸で溶けるように特別な工夫を施し製剤された薬がありまず。外から見てもわかりませんが、ガリガリ噛んだりカプセルをはずしたりすると、こうした工夫が生かされないことに。意味があってのの錠剤やカプセルです。そのままの形で飲ませるようにしてください。どうしても飲みにくい場合は、薬剤師に相談を。

こうした基本ルールと併せて親御さんに正しく理解しておいていただきたいのが、病院で処方された薬をやめるタイミングです。回復に向かうと、つい薬をやめてしまいがちですが、急に薬をやめることで、かえって症状が悪くなることがあります。とくに抗生物質は、決められた量を飲み切らないと、症状は消えても菌が生き残って、耐性を獲得してしまうことがあります。処方された抗菌薬や抗生物質は必ず最後まで飲み切ることが大切です。便秘薬のように症状が治まれば飲まなくてもいい薬もあるので、医師に確認しておくと安心です。

また、飲み残した処方薬を勝手に使い回すのも禁物です。症状が似ていても別の病気の可能性があるし、子どもの場合、半年もすると体重が変わって必要な薬の量が違ってきます。薬は、その時の症状に最適と医師が判断して出されています。処方された薬はとっておかず、その都度処分した方が間違いないでしょう。

未来ある子どもたちのこれからの長い人生の中で、薬を使わないことはありません。今のうちから正しい薬の使い方をしっかり習慣づけておきたいものです。

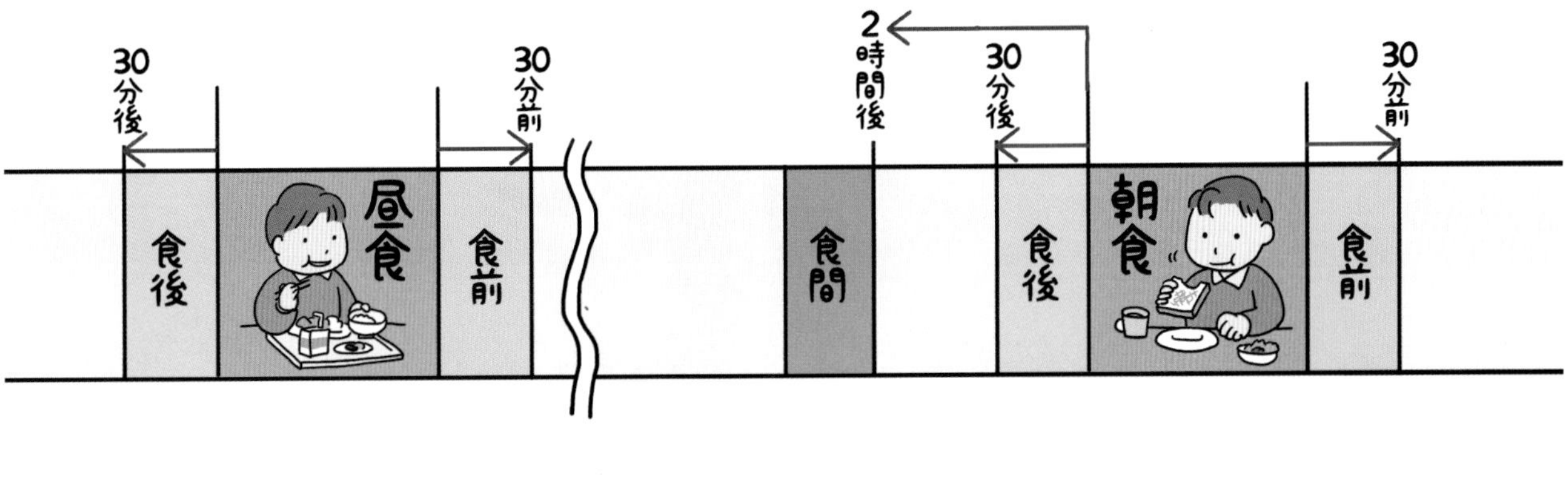

ユージ

［タレント］

家族で寂しい思いをしたけど救ってくれたのも家族だった

バラエティ番組などで活躍するユージさんは家族が一番大切だと言います。
曽祖父がドミニカ共和国の元大統領というセレブ一家に生まれ、5歳まで裕福だったのが、両親の離婚で生活は暗転。
日本での母ひとり子ひとりの暮らしは、貧しく寂しいもので、その苦しさからヤンキーの道へ。
そのすさんだ不良生活の日々から救い出してくれたのは、遠くアメリカで暮らす父や祖父母であり、母の深い愛だったのです。

構成◉深津チヅ子
写真◉越間有紀子

今年6月、2016年度のベストファーザー賞をいただきました。28歳での受賞は、芸能部門では最年少だそうです。授賞理由は「積極的に家事や育児に取り組み、子どもたちを見守る温かな視線が本賞の理念にふさわしい」というもの。

9年前までの僕には想像もつかなかった晴れがましい授賞式のステージでした。

十代の頃、僕は荒れに荒れていました。眉毛を細くそり落とした強面でバイクを乗り回しては「喧嘩上等」の日々。シングルマザーとして必死に僕を育ててくれた母との関係は破たんし、周囲には、手の付けられない筋金入りのヤンキーに映っていたと思います。

生まれたのはアメリカ・マイアミ。父方の曽祖父はドミニカ共和国の元大統領、祖父は元駐日大使、父は俳優という正真正銘のセレブ一族に生まれ、5歳までは何不自由なく育ちました。当時の記憶は断片的ですが、広大な庭が広がる大豪邸に祖父母をはじめとする大家族で住み、ウォータースライダーを備えたガラス張りのプールで遊んだのを覚えています。

しかし、セレブな生活は両親の離婚でピリオド。母は親権を得る代わりに、養育費などの金銭的援助を全て断り、僕を連れて日本に帰国。生活は一変しました。

ボロ家での母子二人きりの暮らしは厳しいものでした。ゼロからの出発だから、とにかく経済的に苦しい。ど貧乏です。母はインテリアデザインやネイルサロンの会社を始めましたが、子どもを抱え、女手ひとつでは限界があります。幼い僕にも、生活するために母がものすごく頑張っているのがわかりました。

そんな中、英語しか話せない僕のために、母は、学費の高いアメリカンスクールや帰国子女を受け入れる私立小学校に通わせてくれました。おそらく収入の大部分を教育費に回してくれていたのではないかと思います。

「いじめられっ子」からヤンキーに転じた

ハーフの僕を心配してのことだったと思いますが、母の心配は的中。小学校で僕は、いじめにあいました。ハーフで日本語がまるでできないうえに、本名が「トーマス・ユージ・ゴードン」。そう、あの『機関車トーマス』のキャラクター名が二つも揃っています。子どもは容赦ありません。事あるごとにはやし立てられ、仲間外れにされました。でも、言葉がダメだから言い返せない。手が出てしまうのですが、チビでやせっぽちだったから、決まって返り討ちに合う。悔しくて、つらくて、毎朝「学校に行きたくない」と母に訴えましたが、仕事が忙しいから、「甘えているんじゃない」と言い残して、母はそそくさと仕事に行ってしまい、まともに話を聞いてくれません。夜は遅いし、僕はつらい気持ちをどんどんため込んで、少しずつ、少しずつ、母との間に溝を感じるようになっていきました。

ココロの Interview 59

僕が母子二人の救世主になれたら……、そう思い、結婚に至りました。

母には、僕を立派に育てあげたいという気持ちがすごく強くあったようです。別れた父にも実家にも頼らず、「私ひとりでちゃんと子育てをしています」というところを見せたかったのだと思います。朝から夜遅くまで働きながら無理をして息子を私立に通わせ、僕には厳しく接して。でも、母の思いや意地は僕には重荷でしかなく、寂しさだけが募っていきました。

そんな気弱ないじめられっ子がなぜヤンキーになったか。きっかけは中学進学でした。不遇な小学校時代を経験した子ならわかると思うのですが、中学進学は、それまでのイメージを払しょくして新しく生まれ変わる絶好のチャンスです。「いじめられっ子」のレッテルをはがすには、このタイミングしかないと考えた僕は、街で見かける不良高校生のスタイルを真似て「中学デビュー」をしようと決めていました。シャツの前をはだけて、ズボンをずり下げ、チェーンなんかもジャラジャラ付けて。

準備万端、計画を実行に移しました。中学デビューは成功。「ヤバい奴」と見られた僕は周囲に恐れられ、学校での立ち位置は逆転しましたが、ヤンキーはスタイルだけで、寂しさを抱えた中身に変わりはありません。だから、中学の先輩ヤンキーたちに声をかけられたときは、本当にびっくりしました。そんなつもりでは……なんて通るわけがなく、もう後には引けない。先輩ヤンキーとつるむうちに、だんだんその気になって。体も同級生よりひと回り大きくなって腕っぷしも強くなり、気がつけば「喧嘩上等」の世界にどっぷり。学年一の「ワルのボス」になるのに時間はかかりませんでした。

言い訳がましく聞こえるかもしれませんが、ずるずると不良集団に入ってしまったのは、孤独から脱出したいという強い願望が潜在していたからだと思います。小学生のときは、家でも学校でも一人ぼっち。それがヤンキーになったら仲間がいる。一緒に悪さをすると、共通の秘密を持つことで連帯意識のようなものが生まれて、それを友情のように感じたのです。何かやらかすと、すぐに助けに駆けつけてくれるのを「愛」だと感じる僕がいました。

母とは顔を合わせれば怒鳴り合いのけんか

当然、母も僕の変貌ぶりに気づいていましたが、反抗期もあって、何を言われても「うるせえ！」。家に帰っても母の姿も食事もなく、代わりに５００円玉が1個テーブルの上に置いてあるだけの毎日で、どう母の愛を信じろというのか。仕事が大事で、僕のことなんか二の次、関心もないんだと思い込みました。母が喜ぶようなことは何ひとつやる気にはなれず、「真面目に勉強しなさい」と言われても、「何でお母さんのために勉強なんかしなきゃいけないんだ」と完全に無視。13歳の僕を両手を広げて迎えてくれるのは不良仲間だけ。唯一の居場所だったのです。

毎日のように騒動を起こす「学校創立以来のワル」は、結局、中2で私立中学を退学になりました。公立中学を経て高校には何とか進学しましたが、更生とはほど遠く、本格的に荒れ始めて学校にはほとんど登校せず、自

ゆーじ

1987年、アメリカ・フロリダ州生まれ。曽祖父はドミニカ共和国元大統領。俳優、バラエティタレント、モデルとしてテレビを中心に活躍中。最近は教育番組や子育て雑誌などへの出演も多く、1男2女のよき父、よき家庭人としても知られる。

宅は不良のたまり場に。昼夜問わずゴロゴロとヤンキー仲間がたむろする家に、疲れ切った体で帰る母はたまったものではなかったでしょう。顔を合わせれば僕と怒鳴り合いのけんか。刃物を持ち出すほど極限まで追い詰められた母は、ついには家を出て行ってしまいました。

そんな荒廃しきった十代の終わりに、僕はバイク事故を起こして1年間入院。たっぷりある時間の中で、天井をにらみながらいろいろ考えました。これが望んでいる人生なんだろうかと。一度わき起こった違和感は、退院後も消えません。揺らぐ僕の前に現れたのが、母の知人を名乗る人でした。その人は、気分転換にアメリカに行ってみてはどうかと提案してくれました。旅費も出迎えの人間も用意してくれるというのです。不思議な話でしたが、他に何の展望もない僕は、「乗ろう」と思いました。そして、この時の決断が再生への道につながっていくのです。

数日後にはロスの空港に立っていました。出迎えたのは、僕とそっくりな顔をした大柄な男性。なんと十数年ぶりに会う父だったのです。驚く僕に父は何も聞かず、当たり前のように受け入れてくれました。その日から1年間、いつも楽しげで、フランクで、無邪気な父と、友だちのように一緒にご飯を食べ、ビデオを見、ゲームをして普通の時間を過ごしました。眉毛が太くなろうが、日焼けサロンに通えないだろうが、もうそんなことはどうでもよかった。穏やかな時間の流れの中で、まとわりついていた黒い霧が晴れていくようでした。

家族の変わらぬ笑顔で 幼い頃の楽しい記憶が

後半の半年間は、マイアミの祖父母の家で過ごしましたが、このときの温かい経験は、今もしっかりと僕の中に刻まれています。子どもの頃に一緒に住んでいた家族全員が集まってくれ、僕を心から歓迎してくれたのです。家族の変わらない笑顔に再び囲まれたとき、幼い頃の楽しかった記憶がよみがえり、「ひとりじゃない、固い絆で結ばれた家族がいるじゃないか」と、深い幸福感に満たされました。孤独だと思い込んでワルぶっていた自分は何だったのか……。

もう大丈夫。道を踏み外すことはないと強い自信が生まれ、日本での再出発を決意して帰国することになった時、驚くべきことを父が明かしました。このアメリカ行きを計画し、全てをお膳立てしたのは母だったと。知人をよこしたのも、飛行機のチケットを用意したのも、父に僕を託したのも、何もかも母が手を尽くしてくれたことだったのです。

母のいない寂しさから不良の道に入り、先の見えない不安の中でもがいていた僕を救おうと、親身になって考え動いてくれたのは、他でもない母だったのです。

今、僕は3人の子どもに恵まれ、幸せな家庭を築いています。妻と知り合った時、妻はシングルマザーで息子がいました。「あの時の僕とお母さんだ」と思いました。僕と息子の姿が重なり、きっとつらいこともたくさんあるに違いない、僕が母子二人の救世主になれたら……、そう思い、結婚に至りました。

そして今、僕にとって一番大切なのは、家族です。妻や子どもをハッピーにするには、自分に何ができるかといつも考えます。僕自身が家族で寂しい思いをしたから、そして救ってくれたのも家族だったからです。家族みんなに好きなことをさせて、「大丈夫、お父さんがいるからね」と後ろから見守り、何かあったらすぐにフォローする、家族の大黒柱ではなく、縁の下の力持ちでありたいと思っています。

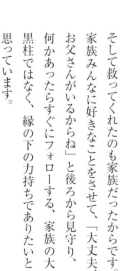

田中六大

［絵本作家・漫画家］

子ども時代の自分が見て楽しいように描く

将来は漫画家になりたいと思っていたけど、口に出すのが恥ずかしくて、絵を描く人になりたいと言っていた田中さん。結局は、その通り、漫画もイラストも絵本も描く人になりました。

構成◉橋爪玲子

　母が美大出身で、絵を描いたり、絵画教室をやっていたりしていたので、僕も自然と小さい頃から絵本をよく読んでいましたし、漫画好きな父の影響で漫画も大好きでした。小学生の頃からノートに漫画を描いていて、将来は漫画家になりたいと思っていました。でも、恥ずかしくて周りには言えず、絵を描く人になりたいと言っていました。

　思いっきり文化系路線だった僕でしたが、中学入学と同時に陸上部に入りました。運動が大嫌いだったけれど、成長期のこの時期に運動しないのは体によくないのではと思ったのと、自分に意外性がほしかったからです。今振り返っても、つらくて、楽しくはなかったけれど、中学、高校の6年間やり遂げたことで、根性はついた気がします。

　高校時代は、SF小説をよく読んでいたのが影響して、生物学に興味を持ちました。高校2年生までは生物の勉強をもっとしたくて理系への進学も考えました。けれど、とにかく数学ができなくて、断念しました。いろいろと迷いましたが、結局絵を描くことはずっと好きだったので、高3から美術の予備校に通って、美大に進学しました。

　大学では版画科で、リトグラフを専攻していました。一方で漫画も描いて雑誌に投稿していて、大学院を修了するころに漫画雑誌「アックス」で新人賞に選ばれました。幸いにもその作品は5年後の2010年に『クッキー缶の街めぐり』というタイトルで単行本として出版された上に、仏語版も出ました。この漫画は、日本語じゃないとわからないようなギャグがはいっていたので、翻訳が決まったときはちょっとびっくりしました。仏語版でギャグがどうなっているのかは、僕がフランス語を読めないので謎です。

大学院の修了後はアルバイト生活

　僕は、たむらしげるさんや佐々木マキさんのように、漫画も絵本も両方描ける作家になることが目標でした。そのために大学院時代から数年、絵本スクールにも通いました。漫画家の人たちって、みんな絵がめちゃめちゃうまいですよね。あらゆるものをあらゆる角度からどう描いてもうまい。一方で、絵本は絵のタッチがうまいとかヘタとか関係なくて、個性とし

たなかろくだい

1980年、東京都生まれ。多摩美術大学大学院卒業。
漫画家、イラストレーター、絵本作家。
作品に『だいくのたこ8さん』(文・内田麟太郎、くもん出版)、『しょうがっこうへいこう』(文・斉藤洋、講談社)、『うどん対ラーメン』(講談社)などがある。
http://rokudait.com/blog01/

田中六大先生の本

うどん対ラーメン
田中六大

でんせつのいきものをさがせ！

て認めてもらえているところに魅力を感じたんです。サラリーマンには向いていないことに気が付いていたので、大学院を修了した後も実家で暮らして、マンションの建築現場で壁やフローリングを補修するアルバイトなどをしながら、漫画雑誌に投稿したり、出版する予定がない絵本の作品を描いたりしていました。

そうこうしているうちに、投稿作品がきっかけになり思いがけないことに、児童作家の竹下文子さん作の幼年童話の挿絵の依頼をいただいたんです。僕は竹下さんの作品が大好きだったので、声をかけてもらえたことが本当にうれしかったです。

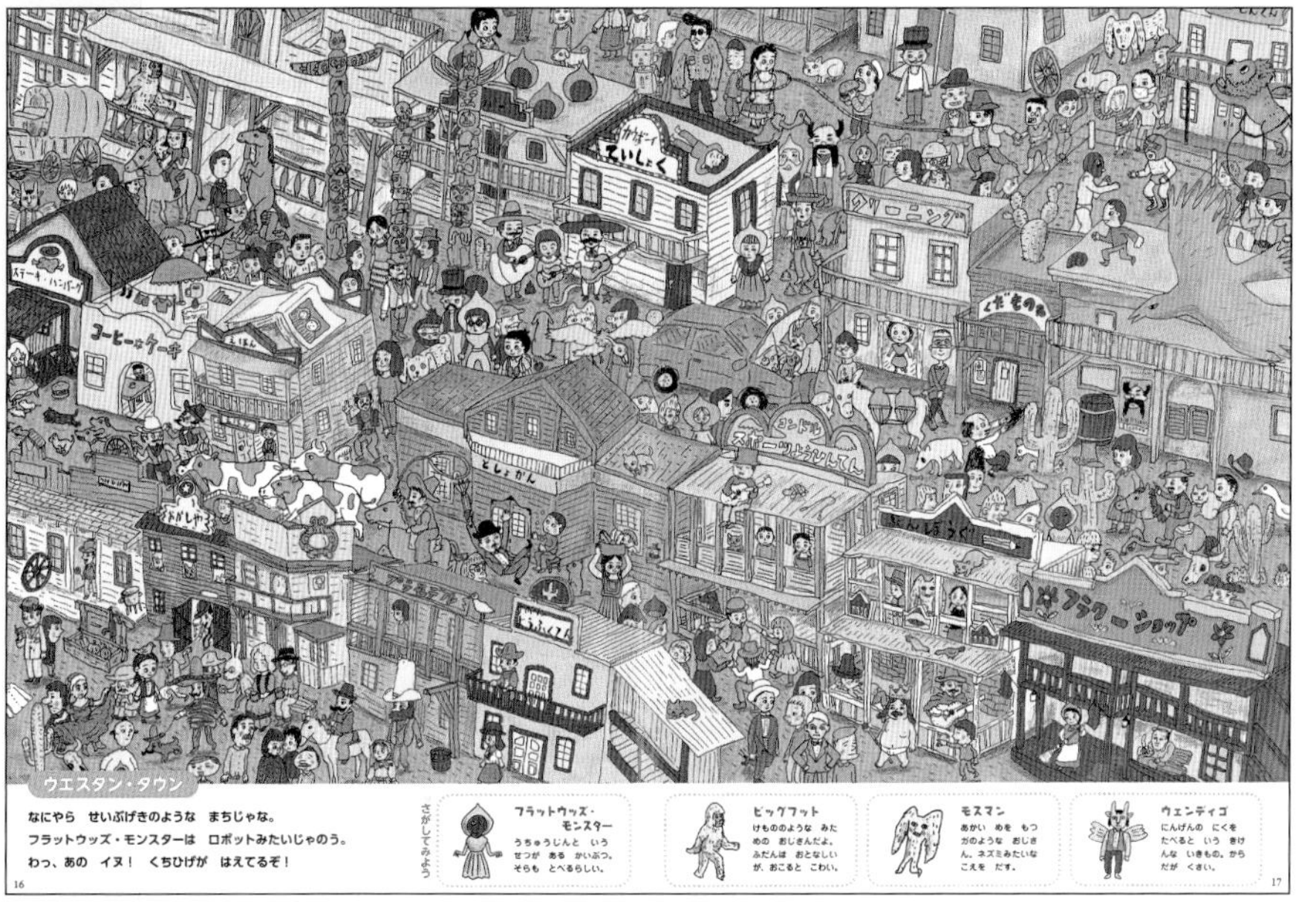

ウエスタン・タウン
なにやら せいぶげきのような まちじゃな。
フラットウッズ・モンスターは ロボットみたいじゃのう。
わっ、あの イヌ！ くちひげが はえてるぞ！
さがしてみよう
フラットウッズ・モンスター
うちゅうじんと いう せつが ある かいぶつ。そらも とべるらしい。
ビッグフット
けもののような みための おじさんだよ。ふだんは おとなしいが、おこると こわい。
モスマン
あかい めを もつ ガのような おじさん。ネズミみたいな こえを だす。
ウェンディゴ
にんげんの にくを たべると いう きけんな いきもの。からだが くさい。
16
17

その作品が08年に出版された『ひらけ！なんきんまめ』です。この挿絵の仕事が絵本作家デビューにつながりました。内田麟太郎さん作の絵本『だいくのたこ8さん』の絵を描く新人画家を探していた編集者が『ひらけ！なんきんまめ』を見て、僕に仕事を依頼してくれたのです。

『ひらけ！なんきんまめ』の挿絵では、細かい絵を描いたのですが、僕はもともとそういう絵が得意だったので、すんなりできました。

デビューの絵本は悪戦苦闘でやっと

でも『だいくのたこ8さん』はドーンとダイナミックに描いてほしいとリクエストでした。僕自身、ダイナミックに描くことがそれまではほとんどなかったので、なんで僕に声をかけてくれたのかちょっと不思議でした。お引き受けするときには「タコは得意です！」「ドーンとした明るいタッチの絵もまかせてください」なんて調子よくいったものの——、とても苦労しました。木版画にしてみたり、筆で描いたりと、さまざまなパターンのサンプル画を描いてみては、編集者さんに何度も見せました。初挑戦の絵のタッチに悪戦苦闘したものの、やっとでき上がってみると大胆な絵もわりと向いているのかなという新たな発見がありました。

2013年に出版した『でんせつの いきものを さがせ！ ネッシー・ツチノコ・カッパはどこだ？』（講談社）は、作・絵の両方を担当した初めての絵本です。僕が得意の細々と描き込んだ絵が炸裂しています。不思議探検隊が森や地中や空などいろいろな場所に遊びに行きながら、UMA（未確認生物）とよばれる生き物やユニコーンやドラゴンなどの伝説上の生き物を探すお話です。

僕自身、子どもの頃、絵本を読んでいて楽しかったのは、話の大筋とは関係ない背景とかに描き込まれたいろいろなものを見つけることでした。「こんなところでこんな人、こんなことしてる！」と発見すると得した気分になるんです。ごちゃごちゃと情報が盛り込まれている本をじっくり見るのが好きだったんです。

だから今も、子ども時代の自分が見て楽しいように描くということを心がけています。子どもの頃は何が楽しかったかなと思い出しながら、この絵で楽しめるかなと想像してみます。自分自身が楽しく描いた絵本を、読む子どもたちにも、すみずみまで楽しんでもらえたらうれしいです。

レッツ

何でもトライ 28

納豆作りに挑戦しよう！

こんな大きいワラ納豆もあるんだよ！

ワラに大豆を詰めるのが難しかったけど、上手に作れました！

みなさん、納豆は好きですか？
昔ながらの伝統食で栄養がいっぱい、毎日の食卓に欠かせませんよね。
そんな納豆、実は自分で作れるんです！
今回は「親子でワラ納豆作り教室」で
ワラ納豆作りに挑戦しました。

写真◉越間 有紀子

納豆について知ろう

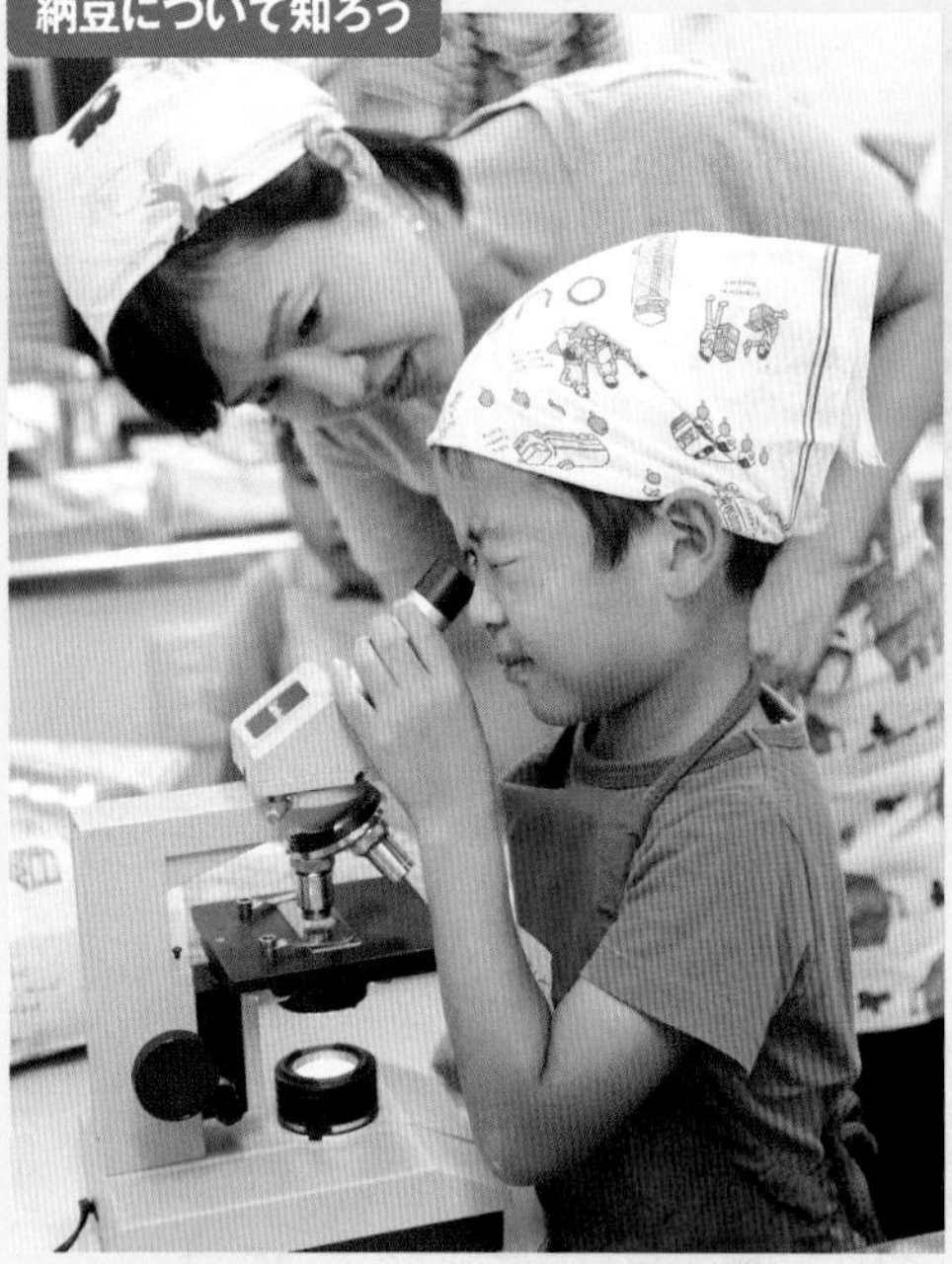

納豆メーカーの菅谷食品の工場長に納豆について学びます。納豆菌は1万2千年前からいるんだって！納豆菌を実際に顕微鏡で見てみました。

蒸した大豆を食べてみよう

蒸したての大豆を食べてみました。ほくほくしてほんのり甘くて美味しいんです。大豆の味は納豆の味につながります。

ワラの中にも納豆菌が住んでます。1本のワラに何と1000万個もいるんです！

蒸した大豆に納豆菌を振りかけよう

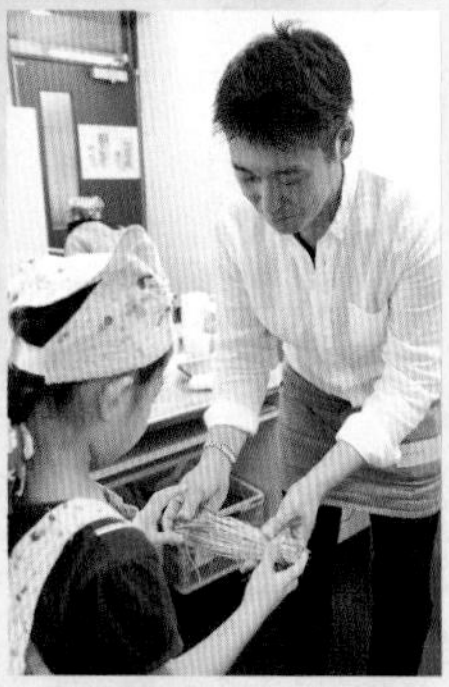

納豆菌をお湯で薄めたものを大豆に振りかけ、均一になじませるためにスプーンで、ていねいに混ぜます。

ワラの容器に詰めよう

ワラの容器に納豆を入れる空間を作り、大豆を詰めていきます。詰めたらワラで大豆を覆い、保温容器に入れ温めます。

納豆を沢山入れて形を整えます。ネバネバになりますように！

納豆を試食しよう

40度に温めた保温容器に入れて大豆の表面に白く糸が引くまで発酵させます。その後、冷蔵庫に入れて熟成させたら食べられます。今回は、出来上がったものを試食。ちゃんと糸をひいて美味しいよ！

参加の申し込み、問い合わせ 一般社団法人 みなとむすぶ地域活性コミュニティ協会 TEL:03-5927-9275 http://www.minamusu.com/

本物体験で夢を実現！

バラエティーに富んだ「本物体験」で感性を磨き、夢を実現させます!!

中学校の4つの特色

英語教育

コミュニケーション手段としての英語を重視し、日本人教諭とネイティブ講師による、読み、書き、聞いて、伝える英語を学びます。

進路指導

学習進度や希望進路に合わせてきめ細かく指導し、一人ひとりの夢を実現していきます。

チューター方式

担任教諭の他に、相談相手となる先生が生徒一人ひとりにつき、学習面や生活面のアドバイスにあたります。

芸術鑑賞

毎月1回さまざまな分野の優れた芸術の鑑賞を通して、豊かな感性を養います。

Information

保護者対象説明会

●いずれも10:30～　★印の説明会では英語の体験学習を行います。

9/14(水)　10/30★(日)　11/27★(日)　12/18★(日)　1/7(土)

●首都圏模試会場（校内）で実施

11/3(木・祝)

ミニ説明会・体験教室

9/24(土)　10/15(土)　11/12(土)　12/3(土)

ミニ説明会 ①10:00～ ②11:00～　※それぞれ30～40分程度です。
体験教室　10:00～10:40　要予約。学校見学、ビデオ上映、個別相談あり。

文化祭 10/1(土)・2(日)

2017年度 生徒募集要項

2/2 午後「未来発見入試」始まる

	募集人員	入試科目	入学試験日
第1回	40名	2科 または 4科	2月1日(水)A 14:00 2月1日(水)B 15:00
第2回	44名	2科 または 4科	2月2日(木)9:00
未来発見入試	30名	国・算・英から1教科 および 自己表現文	2月2日(木)A 14:00 2月2日(木)B 15:00
第3回	20名	2科 または 4科	2月3日(金)9:00
第4回	10名	2科 または 4科	2月5日(日)9:00

学校法人 八雲学園

八雲学園中学校高等学校

〒152-0023　東京都目黒区八雲2丁目14番1号　TEL.03-3717-1196(代)　http://www.yakumo.ac.jp

Access 東急東横線　都立大学駅 徒歩7分　Facebookで最新情報をチェック

全員集合

部活に注目!

城北中学校・高等学校の百人一首部は、2014年（平成26年）に同好会からクラブに昇格しました。新しいクラブですが、合宿や他校との合同練習も行うなど活発に活動し、競技かるたの公式大会にも積極的に出場しています。

城北《じょうほく》中学校　東京　男子校

百人一首部

中学2年生　稲葉《いなば》 結伍《ゆうご》さん
中学2年生　柳澤《やなぎさわ》 伸幸《のぶゆき》さん

合宿や合同練習も実施 大会には中1から出場

—競技かるたについて教えてください。

稲葉さん「和歌の書かれた札《ふだ》を取る競技です。詠み手が詠む和歌の上《かみ》の句を聞いて、下《しも》の句が書かれた札をふたりで取りあいます」

—どのような活動を行っていますか。

稲葉さん「週4日、1日2～3時間活動しています。普段の練習では、『払い練』という札の取り方の練習と『本取り』という正式な試合形式の実戦練習を行います。他校との合同練習も実施しています。学校ごとに攻め方に違いがあったり、強い人も多いので、大会に向けていい経験になります。春と夏には合宿もあって一日中練習するので、短期間で強くなったことを実感できます」

城北中学校
所在地：東京都板橋区東新町2-28-1
アクセス：東武東上線「上板橋駅」徒歩10分、地下鉄有楽町線・副都心線「小竹向原駅」徒歩20分
電　話：03-3956-3157
U R L：https://www.johoku.ac.jp/

△左から柳澤さん、稲葉さん

文化祭

文化祭では、来場者に「ちらし取り」で楽しく百人一首を体験してもらいます。

札を速く取れるように練習する「払い練」。札が遠くに飛んでいくほど勢いよく札を払います。

語呂集

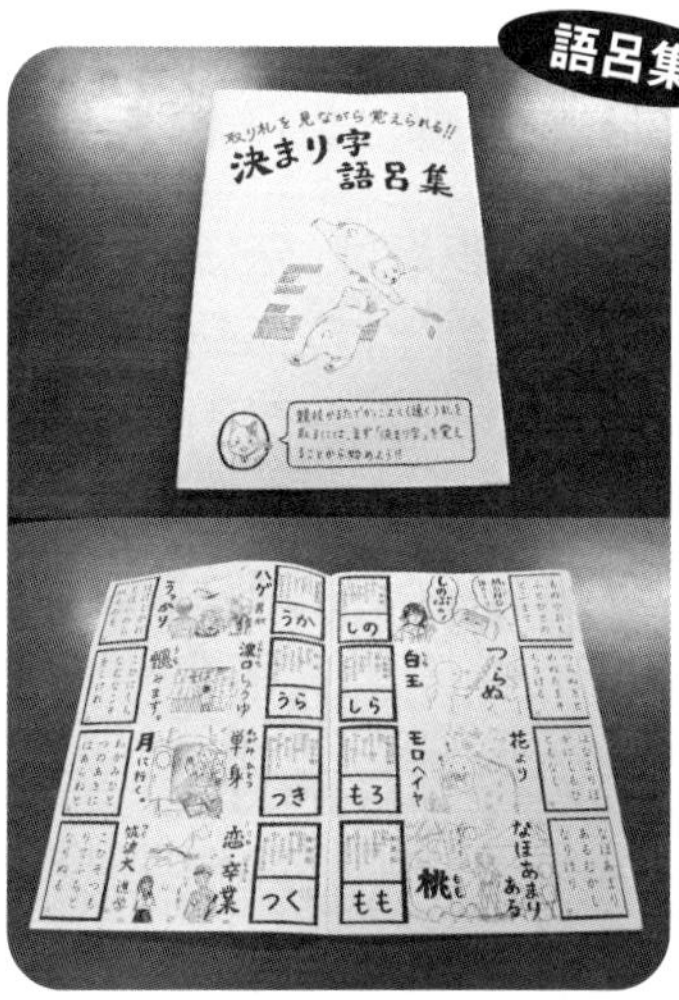

読み手がある部分まで読めば、取る札がわかる「決まり字」。イラストが豊富な先生手作りの「決まり字語《ご》呂《ろ》集」で楽しく覚えます。

大会

大会のようす。300人以上の選手が集まります。

練習風景

正式な試合形式である「本取り」の練習。真剣な空気のなか、札を取る音が響きます。

Carta Club

柳澤さん「文化祭では、夏合宿の内容や百人一首の豆知識などをまとめた展示や、百人一首体験も行っています。『ちらし取り』という簡単な形式でやるので、百人一首をしたことがない人でも楽しめます」

――大会について教えてください。

柳澤さん「年に10回くらいあります。個人戦と団体戦があって中1から出場できます。団体戦は5人一組で横並びになっていっせいに試合をします。お互いに『ナイス!』『チャンス!』などの声をかけあいながら行うので、モチベーションがあがります」

――入部のきっかけはなんですか。

稲葉さん「兄が城北の百人一首部に入っていたことがきっかけです。小学生の頃に、兄の試合を観戦したら緊張感があって選手たちがかっこよく見えたので、憧れて入りました」

柳澤さん「僕は小学生の頃、地元のかるた会に入って百人一首をやっていたので、中学でも続けたいと思い入部しました」

――どのようなことが身につきますか。

柳澤さん「試合は1試合1時間弱、長いと2時間くらいかかる場合もあり、その間ずっと集中して取り組んでいるので集中力が身につきます。そして、記憶力もよくなります。歌は全て暗記していますし、試合では並べた札の位置も覚えるので、記憶力が鍛えられて勉強にも活かせます」

――大変なことはありますか。

稲葉さん「百人一首は、札を速く取るために腕の筋肉や腹筋を使ったりとハードな競技です。入部した頃は筋肉痛になったりもしましたが、家でも腕立てなどの筋トレをしたり、部の活動を続けてきたことで、今は体力や筋力がついたことを実感できています」

――最後にメッセージをお願いします。

柳澤さん「百人一首は集中力や記憶力、そして体力も身につけられる文武両道な競技です。初心者でもすぐに始められて、年齢に関係なく誰でも楽しめます」

稲葉さん「試合で札を取れると快感です。自分がちゃんと歌を暗記していて、相手よりも速く取れたことで自分に自信が持てます。ぜひその快感を味わってほしいです」

合宿

合宿では、朝から夜まで練習します。腕の筋肉を鍛えるための筋トレや、部員の親睦を深めるためのトランプや花火も行います。

校訓 愛・知・和

21 世紀を担う国際感覚豊かな人間教育

2F 自習室（200席）

1F 図書室

平成28年4月 新図書館・自習室棟がオープン

学校説明会

9/17（土）10：00～	11/10（木）10：00～ ＊授業見学できます
10/ 8（土）10：00～	11/25（金）10：00～ ＊授業見学できます
10/29（土）13：00～ ＊文化祭当日	12/ 3（土）10：00～
10/30（日）11：00～ ＊文化祭当日	12/15（木）10：00～ ＊授業見学できます

入試対策会（授業体験）＊要予約

11/23（水祝） 9：00～

文化祭

10/29（土）・30（日）10：00～

＊29日(土) 10：00～ 中学ステージ発表あり

4年生・5年生対象 学校説明会

平成29年 2/18（土）10：00～

＊授業見学できます

＊上記日程は予定です。最終的な確認はホームページ等にてご確認ください。

学校法人開成学園

大宮開成中学校

〒330-8567 埼玉県さいたま市大宮区堀の内町1-615 TEL.048-641-7161 FAX.048-647-8881

URL http://www.omiyakaisei.jp E-mail kaisei@omiyakaisei.jp

偏差値や倍率だけに目を奪われず入りやすくてもよい学校を選ぼう

定員を満たさない女子校 共学校にも苦しい現状が

私立中学の一都三県について、その定員充足状況を各校にアンケートして充足率を算出してみました。

ここで言う「定員」は、本来の「学則定員」とは違い、今年は何名募集する、という中学入試の入学者枠といった意味合いです。本来の「学則定員」よりは現状に合わせ少なくなっているケースが多いのです。そこには学則定員いっぱい入学させるのではなく、ある程度の学力で選抜したい、という学校側の姿勢があります。またそうしないと、学校の評判にも響きます。

それでも難度が中位より入りやすい学校では、この募集する定員さえ80％以上割り込む学校が一定数あります。

東京男子校では有効回答のあった24校中3校、同女子校では65校中34校、共学校では67校中24校がこれでした。神奈川では男子校が13校中4校、同女子校24校中13校、共学校は21校中7校。千葉はほぼ共学校ですが19校中6校。埼玉は共学校22校中14校でした。

難易度でみると偏差値45未満校でこうした定員割れが起こりやすく、入りやすい学校から定員割れが生じている実状が分かります。男子校はほぼ定員に達していますが、共学校は3分の1が、女子校は半数が定員割れです。

特に女子校は東京、神奈川に多く、2校に1校が募集が厳しい現状。共学校は女子校よりまだマシといえますが3校に1校が芳しくない状況です。

いずれも入りやすいといえる難度の学校で、これはそのまま出口の大学進学実績を反映します。というのも出口である大学進学実績がよいと入口が入りにくくなる傾向がみえるからです。

それでもなかには入りやすい難度でも将来性を買われ（？）、定員充足率188％という学校もあります。

また、入りやすい難度でもMARCH、早慶など私大実績を上位校並みにあげている学校があり、それなのに充足率が60％以下だったりします。

そうした事情ですから、偏差値でいうと合格可能性80％で55から上は厳しい倍率、50〜54はまずまずの倍率、49〜45は入りやすい倍率、44未満は入りやすい入試状況と言えます。

入試システムの多様化で 入りやすい学校に狙い目の学校が

ところで今年、来年と目立つ「入試の多様化」のなかで、適切な相性があればきわめて入りやすい入試が出てきたのが特徴です。すなわち、それが私立適性検査型入試であり、グローバル入試であり、記述入試などです。

最も分かりやすいグローバル入試を例にとれば、来年は従来からの東京都市大学付属（男子）、大妻中野（女子）に加え、宝仙学園理数インター（共学）が参入します。英語による帰国子女向けの入試だけにとどまらず国内で英語が得意な児童に門戸が開かれているので、英語を活かして入試を突破したい人にとって受けやすい入試です。

英語は、これからの大学入試で外部試験の評価を用いてもよい方向となっているほどで、資格試験として学力検査に向いている教科です。英語4技能ということが言われます。従来の読む、書くに加え、聞く、話すも評価する英語教育改革ひいては大学入試の変化をとらえた言葉ですが、これも学校選択の指標になるところだと思います。

また、記述・論述力など総合力はあるが、私立中学受験向けの勉強は十分ではない場合は私立適性検査型の入試が狙い目です。来年も大幅に増えるので、上手に選べば得意な分野で得点できて合格しやすいでしょう。

公立校の適性検査は、倍率も高く、内申点も必要です。私立適性検査型入試なら倍率もそうそう高からず、事前に問題慣れしておけば、かなり合格が見込めます。

ユニークなところで、その名も「ユニーク算数入試」を行う明星のMGS

中学受験WATCHING

NAVIGATOR
森上 展安
もりがみ・のぶやす
森上教育研究所所長。
受験をキーワードに幅広く教育問題をあつかう。
保護者と受験のかかわりをサポートすべく「親のスキル研究会」主宰。
近著に『入りやすくてお得な学校』『中学受験図鑑』などがある。

入試があります。もともと系列小学校があり、中学にMGSコースを新設しました（明星のM、グローバルのG、サイエンスのS）。算数の素質がある小学生が系列校進学後も切れ目のない学習となるように、小学校の応用的な算数を深く学ぶことを促す入試にしよう、ということが発端です。この入試は良質な問題で、真に算数の力のある生徒にとっては楽しい入試です。

その分野でユニークな才能のある受験生向けには、宝仙学園理数インターの「リベラルアーツ入試」というプレゼンと日本語ヒアリングの入試があります。

少数派ですがIB（インターバカロレア）認定を目指している開智日本橋学園のIBコースや、広尾学園のAP・SATを目指すスタイルのインターナショナルコースなど、将来の英語圏留学を視野に入れれば、まだ受かりやすいといえる入試もあります。

こういったユニークな入試では倍率や難度といった共通尺度は、むしろあまり役に立たず、受験生個人のユニークネスこそが合格への鍵になります。

もちろん、大多数の人にとっては通常の4科ないし2科の選抜試験が最も与しやすい入試には違いありません。しかし、社会、そして理科などに時事問題が多く出題されたり、国語や算数でも、いわゆる従来よく出た問題とは異なる、実際に生じた現実の問題解決に役立つ活用型の出題が進学校では増える傾向です。これらへの対応も必要です。

その意味ではあまり問題自体に新奇性の少ない大学附属へのシフトが来年入試でも、受験生の志向傾向になるかもしれません。

さて、冒頭にも述べたように男子校でも、あるいは女子校ではもっとですが、中堅校の倍率はゆるやかです。問題もオーソドックスですから、実はここを狙うのが最も堅実な入試作戦です。男子校、女子校は、いずれも異性を気にせず伸びのびと学校生活を送れる、いまやユニークな学校ともいえます。知る人ぞ知る、というべきかもしれません。

定員割れが続くと、共学化してしまう可能性も少なくありませんが、今の受験生には関係ありません。少なくとも2年間の告知期間をおくからです。

開智中学校

20年目の開智　確かな歩み

開智では創設当初から「心豊かな創造型・発信型の国際的リーダーを育成」を教育理念とし実践してきました。その理念の実現に向けた実践の一つとして、探究型・発信型の授業があります。

開智の英語

開智では一つの職員室に5人のALTが常駐しており、いつでもネイティブと会話するチャンスがあるので、休み時間になると会話を楽しみにやってきた生徒たちでにぎやかになります。そのALTが担当するのが、週2時間の英会話。ALTと生徒との対話式のインタビューテストでは英会話の実践力が身についていきます。また、週7時間の授業のうちの5時間を、4技能のうちの「読む」「書く」にあて、文法の基礎、基本の定着を図ります。教科書の単元が終わるごとにレビューテスト（確認テスト）を実施することで、生徒は英語学習のリズムをつかみ、次の学習へのモチベーションにつなげます。

英語の知識の獲得のための反復練習を日本人教師が担当し、練習した内容を実践的に使うことで会話力を身につける英会話の授業は、ALTが日本人教師とチームを組んで担当しています。より実践的な形で生徒たちが4技能「聞く」「話す」「読む」「書く」をバランスよく身につけていくことができるように工夫しています。

英語科の三原教諭は「英語の学習において地味になりがちな反復練習をおろそかにできません。楽しいばかりでも英語力は身につきません。楽しみながらも継続することでバランスよく英語力を身につけてほしいと考えています」と語ります。

英会話の授業

英語を生かして

〈語学研修から〉

「他にも語学研修のプログラムはありましたが、研修内容に興味を持ちました。現地の学生とのディスカッションが楽しみ」と話してくれたのは、今年、次世代リーダー養成プログラム

■平成28年度　学校説明会・行事日程

	日　程	時　間	バスの運行時間	その他
第４回説明会	10/15(土)	10:00〜11:30	往路 9:15〜10:15 復路11:40〜12:40	校内見学(希望者) 11:40〜12:20
第５回説明会	11/19(土)	13:30〜15:00	往路12:45〜13:45 復路15:10〜16:10	校内見学はありますが、 授業・部活動見学はありません
	日　程	説明会時間		バスの運行時間
開智発表会 (文化祭)	9/10(土) 9/11(日) 9:30〜15:00	9/11(日)のみ「ミニ説明会」実施 ①10:00〜10:45　②11:30〜12:15 ③13:00〜13:45		終日
入試問題説明会	12/3(土)	第1部	14:00〜15:30 入試問題説明	往路13:00〜14:30 復路15:20〜17:00
		第2部	15:30〜16:10 教育内容説明	

＊バスは東岩槻駅北口より運行時間内は随時運行しています。無料で乗車できます（開智発表会の日は有料）。

（ＵＣバークレー校）の参加を決めた4学年（高1）の三浦君。学年が進行し、行事などで多くの人の前に立つ機会が増えた今、リーダーシップの育成というプログラム内容に興味を持ったと言います。

「日常生活においても英語を使うとよいですよ」と事前研修で出会ったコミュニケーショントレーナーからのアドバイスを受け、メンバーの23名は多くの場面で、英語で話そうと決めているそうです。そして、今は毎朝集まり、テーマを持ち寄って英語でのディスカッション練習をしているとのこと。自分たちだけでは限界があるので、ＡＬＴの参加をお願いして手伝ってもらう日もあるようです。

ALTとのディスカッション練習

「授業で4技能を鍛えてもらったおかげです。シャドウイング、音読、リスニング、暗唱などいろいろな方法で教えていただきましたが、中でも洋楽の歌詞を使っての授業は楽しかったです」と三浦君。夏の語学研修を楽しみにしています。

〈英国フィールドワークから〉

入学当初から進めてきた「探究」の総まとめとして、5学年（高2）における英国フィールドワークが今年も実施されました。ロンドン郊外にあるブルネル大学の寄宿舎に1週間宿泊し、現地の大学生や社会人と行動をともにします。英国でのねらいはブルネル大学における大学生や社会人とのディスカッションです。

テーマは4学年（高1）までにまとめた探究テーマ。事前準備には多くの時間を使います。4学年（高1）の探究発表会に向けてまとめ上げ、各個人の探究テーマの内容をより精査し、そのうえで英語に訳す作業から始まります。その後、ＡＬＴや英語の先生方にその内容について指導を受け確認したうえで、5学年（高2）になると、放課後などを利用して、グループごとにＡＬＴとのプレディスカッションに臨みます。

「日本人だったら誰でも知っているような言葉をただ英訳するだけでなく、相手にわかるように説明するのが大変でした。とくに、歴史的用語を訳すのは難しかった。日本語をよりわかりやすい日本語に見直してから調べるので時間がかかりました」と5学年（高2）の羽室さん。「ディスカッションの練習では15分ぐらい。実際の自分の持ち時間は30分だったので、スクリプトを用意したり、写真を沢山用意したりして、どうしたら相手に理解してもらえるか工夫しました。当日は英国の大学生や社会人、グループのメンバーもどんどん質問してくれましたし、自分からも『どう思うのか』とか、『英国においてはどうですか』など質問をするようにしました。とにかくディスカッションが楽しかった」と羽室さんは話してくれました。

ブルネル大学での発表

帰国後、英語の学習にますますやる気がでて、身が入るようになったと口を揃えて皆が言います。「もっと話したい、もっと伝えたい。この先、留学してみたい」とますます意欲的になる経験だったようです。

このように開智では知識となる基本、基礎の定着を図りつつ、生徒自身が自ら学ぶ機会をさまざまな方法で用意しています。

開智日本橋学園中学校【共学】

6年あるから夢じゃない!!

探究型の授業、フィールドワーク等の探究学習を通じて、21世紀型能力を備えた人材の育成に取り組む開智日本橋学園。国際社会で貢献できる人材の育成をめざす教育内容についてお伝えします。

開智日本橋学園の教育理念

開智日本橋学園のミッションは「平和で豊かな国際社会の実現に貢献するリーダーの育成」です。これからの変化に富んだ社会で活躍するには、言われたことをこなすだけではなく、自分で課題を見つけ、解決し、新しいことを創造する力が必要不可欠です。

開智日本橋学園では、生徒自らが学ぶ「探究型の授業」や「フィールドワーク」などを通じて、世界が求める創造力、探究力、発信力を持った人材の育成をめざしています。さらに、学校生活のいたるところで、自らが判断し自分の責任で行動することを生徒に求めています。単に指示を待つのではなく、主体的、能動的に行動する、というのが教育目標の1つです。

また、リーダーであるためには、スキルの面で優れていることはもちろん、信念を持って何事にも挑戦していく強い意思や、他のメンバーを思いやり、他者のために行動できる温かい心なども大切な資質です。生徒には、学校行事やその他の自主的な活動等に自分の意思で積極的にチャレンジすることで、成功したときの感動、喜び、そして失敗したときの悔しさ、そこから学べる教訓等々を数多く味わい、それらを積み重ねることで人として大きく成長し、他者を理解できる心の広い人間に育ってほしいと願っています。

生徒が主体になって学ぶ探究型の授業

開智日本橋学園の授業の特徴

開智日本橋学園の授業では、生徒が主体になって学ぶ「探究型の授業」が大きな特徴です。よく行われている教師による一方通行の講義形式の授業では、生徒は受身になって学ぶことしかできません。

探究型の授業では、まず教師が疑問を投げかけ、それについて生徒が様々な角度から考え、調べ、仲間と議論し合い、解決していきます。教師は、その過程で適切な質問を投げかけたり、アドバイスをしたりして、生徒たちの思考がうまく進むようにリードしていきます。

つまり、教師に教えられるのではなく生徒自らが学ぶのが「探究型の授業」の特徴です。生徒自らが学んでいく形で行われ

《学校説明会・行事日程》

	日　程	時　間
学校説明会	8/27(土)	10:00〜※
	9/24(土)	14:00〜※
	10/29(土)	10:00〜
	11/12(土)	10:00〜
	11/27(日)	10:00〜※
	12/23(金)	10:00〜
	1/14(土)	10:00〜
文化祭	10/ 1(土)	10:00〜 ※個別相談あり
	10/ 2(日)	

※は授業体験会あり

《入試日程》

日　程	時　間	試　験　科　目
2/1(水)	AM	2科4科選択
2/1(水)	AM	適性検査Ⅰ・Ⅱ
2/1(水)	PM	特待生選考
2/2(木)	PM	2科4科選択
2/3(金)	PM	国算+英・理・社から1科目
2/4(土)	AM	国算+英・理・社から1科目

答えのない問いについて深く考える哲学対話

る授業であるため、生徒の学習意欲が非常に高くなります。「探究型の授業」で生徒自らが考えていく際には、その前提となる最低限の知識が必要になります。従って、開智日本橋学園では知識を習得し、それを小テスト等で繰り返し学習することで定着させる授業も非常に重要視しています。このような習得型の授業と、自ら考える探究型の授業をバランスよく行うことで、生徒たちは自然に思考力を身につけていくことができます。

　また、論理的な思考の仕方や、議論を行う際のスキルなども丁寧に教えていきます。開智日本橋学園には「哲学対話」という授業があります。これは「幸せとは何か」のような答えのない問いについて、仲間と様々な観点から議論し合う、という授業です。ものごとを論理的に深く考える能力を磨き、自分と意見の違う人と理性的に議論する技術を習得していきます。

　このように必要な知識やスキルを身につけながら、少しずつ自ら進んで考え、人と議論できるよう丁寧に導いていくので、はじめは人とコミュニケーションをとるのが苦手な生徒でも、すぐにまわりと活発に意見交換できるようになります。

探究テーマ・フィールドワーク

　開智日本橋学園独自の取り組みである「探究テーマ・フィールドワーク」も特徴ある教育の1つです。

　ある事柄について疑問を持ち、それに対して仮説を立て、実験や観察などを通して検証し、最後にプレゼンテーションを行う、というのがこの学習の基本的な流れです。これを約1年かけて行ったり、現地へ出かけていく「フィールドワーク」として行ったりします。フィールドワークでは、中学1、2年生は「磯のフィールドワーク」、「森のフィールドワーク」として自然を対象とした探究を行い、中学3年生では人文、社会学系にテーマを広げ、探究先を生徒たちに決めさせようと考えています。

　高校1年生では個人探究として、自分で選んだテーマに関係する東京近辺の訪問先に、自分でアポを取って出かけて探究を行うという実践的な活動を行います。そして仕上げの高校2年生では、外国で現地の学生に探究結果を英語でプレゼンテーションし、英語でディスカッションをする活動を計画しています。

　これらの探究学習では、疑問や課題を見つける力、論理的思考力、表現力、コミュニケーション能力など、21世紀型能力といわれる様々な力を磨いていくことができます。

磯のフィールドワーク

国際バカロレア候補校

　開智日本橋学園中学校は、昨年9月、東京都23区の私立中学校で初めて国際バカロレアの国際中等教育プログラム（ＭＹＰ）の候補校となりました。ＧＬＣ（グローバル・リーディングクラス）とＤＬＣ（デュアルランゲージクラス）では国際中等教育に準拠した学習方法で授業を行い、ＬＣ（リーディングクラス）とＡＣ（アドバンストクラス）では国際中等教育の教育を加味した学びを行います。

　「探究型の授業」「探究テーマ・フィールドワーク」と「英語学習」は開智日本橋学園の教育の大きな柱であり、それらを通じて、徹底的にものごとを考えようとする生徒を育成し、将来の大学進学につなげていこうと考えています。

開智日本橋学園中学校

〒103-8384　東京都中央区日本橋馬喰町 2－7－6
TEL　03-3662-2507
http://www.kng.ed.jp

＜アクセス＞
JR総武線・都営浅草線「浅草橋駅」徒歩3分
JR総武快速線「馬喰町駅」徒歩3分
都営新宿線「馬喰横山駅」徒歩7分

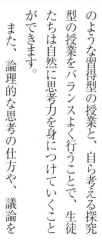

大人も子どもも

本からマナブ

**世界遺産について学べる本と、
子どもたちの心を知ることができる本の２冊をご紹介します。**

BOOKS COLLECTION 69

人類共通の財産である「世界遺産」を知ろう

子ども向け

新・ポケット版　学研の図鑑
世界遺産

NPO法人世界遺産アカデミー 監修
学研教育出版
960円＋税

みなさんも「世界遺産」という言葉をテレビのニュースなどで聞いたことがあると思います。「世界遺産」とは、世界中の人々が平和で幸福に暮らしていくために、自然と文化を人類共通の財産としてユネスコ（国連教育科学文化機関）が指定したものです。世界中で約1000件が登録され、日本でも16件の文化遺産と４件の自然遺産が登録されています。

この本では、その世界遺産の主なものが美しいカラー写真やイラストとともに詳しく紹介されています。文章は分かりやすく楽しく読み進められます。

第１章では、2014年（平成26年）までに登録された日本の全ての世界遺産がのせられています。世界遺産は世界の大切な財産ですので、中学入試の社会でも、しばしば出題されます。その意味でも、この日本編は、目をとおしておくとよいでしょう。みなさんが行ったことのある場所もあるかもしれません。

この本は図鑑なので、目で見て楽しめるように工夫されており、どのページから読んでも構いません。ぜひ手に取ってみてください。

一人ひとりの子どもの内面には大きな宇宙が存在している

大人向け

子どもの宇宙

河合 隼雄 著
岩波新書
720円＋税

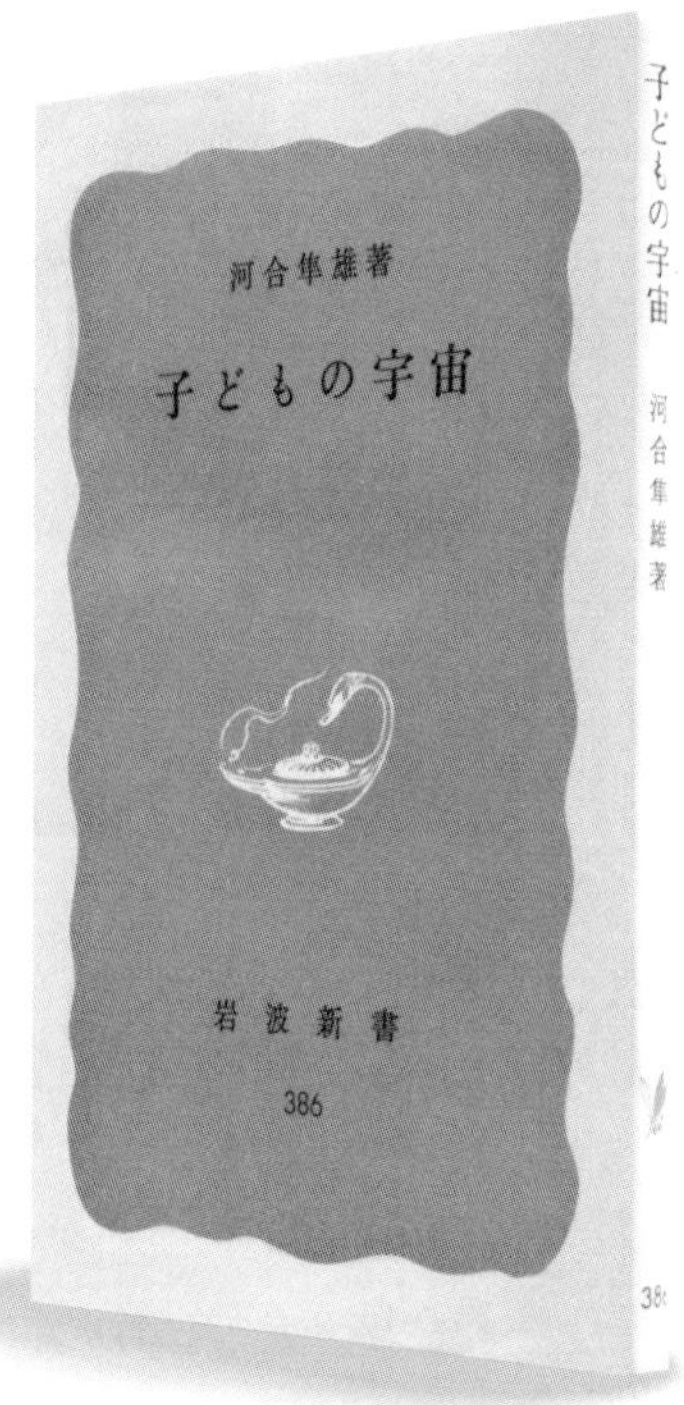

臨床心理学者として広く知られる著者によって著された本です。最初に刊行されてから、30年近くが経過していますが、その間、版を重ね非常に多くの人々に読まれてきました。

本書は「子どもの心」に焦点をあて、子ども一人ひとりの心の内面に、広大な宇宙が存在しているとしています。

今、中学受験に取り組もうとされているみなさんにとって、一番の関心事は、その結果でしょう。それは当然です。受験するご本人はもとより、ご家族のみなさんも含め、様々な努力があってこそ結果が出るのが中学受験といえます。

ただ、それだからこそ、受験の主役であるお子さんの心を改めて考えてみることも必要ではないかと思います。

著者は、「子どもの内部に広大な宇宙が存在する」ことを、子どもが小さいために、大人がつい見逃してしまいがちであり、大人が子どもを少しでも早く大きくしようと焦るあまり、その貴重な宇宙を壊してしまうこともあると指摘します。

そして、臨床心理学者としての経験から、多くの子どもたちは、宇宙を圧殺される時に悲痛な心の叫びを発しているのだと述べています。

受験を前提とした内容のものではなく、心理学の専門的な内容も含まれてはいますが、広く一般の大人を対象に、子どもの心の世界について述べられている本です。興味のある項目のみを拾い読みしたとしても得るところがある本ではないかと思います。

You are the light of the world.
You are the salt of the earth.
あなたは世の光です。
あなたは地の塩です。
マタイ５章13節～15節

そのままのあなたがすばらしい

入試説明会

［本学院］※申込不要

9. 9（金）
10：00～11：30
終了後 校内見学・授業参観（～12：00）

10.15（土）
10：00～11：30
終了後 校内見学・授業参観（～12：00）

11.20（日）
14：00～15：30
終了後 校内見学（～16：00）

校内見学会

［本学院］※申込必要

10. 1（土）　**11. 5**（土）

1. 7（土）
＊６年生対象

1.21（土）
＊６年生対象

2.18（土）
＊５年生以下対象

授業見学、ミニ説明会、学校紹介 DVD 上映。
回によって体験授業もあります。
詳細はその都度 HP をご確認ください。

全日程 10：30～12：00

【申込方法】
電話で「希望日」「氏名」「参加人数」をお知らせください。

過去問説明会

［本学院］※申込必要

12. 3（土）
● ６年生対象
14：00～16：00（申込締切 11/26）

【申込方法】
ハガキに「過去問説明会参加希望」「受験生氏名（ふりがな付）」「学年」「住所」「電話番号」、保護者も出席する場合は「保護者参加人数」を記入し、光塩女子学院広報係宛にお送りください。後日、受講票をお送りいたします。

公開行事

［本学院］※申込不要

［親睦会（バザー）］
10.30（日）9：30～15：00
生徒による光塩質問コーナーあり

2017 年度入試要項（予定）

	第1回	第2回	第3回
受験型	総合型	4科型	4科型
募集人員	約25名	約50名	約15名
試験日	2月1日（水）	2月2日（木）	2月4日（土）
入試科目	総合・国語基礎 算数基礎	4科/面接	4科/面接
合格発表	2月1日（水）	2月2日（木）	2月4日（土）
出願方法	インターネット出願のみ		

入試日程・出願方法等に
変更がありますのでご注意下さい。

光塩女子学院中等科

〒166-0003　東京都杉並区高円寺南2-33-28　tel.03-3315-1911（代表）　http://www.koen-ejh.ed.jp/
交通…JR「高円寺駅」下車南口徒歩12分／東京メトロ丸の内線「東高円寺駅」下車徒歩7分／「新高円寺駅」下車徒歩10分

NEWS2016

イギリスがＥＵ離脱

イギリスがEU（ヨーロッパ連合）を離脱することになりました。

イギリスは６月にEUからの離脱に賛成か反対かを問う国民投票を行いました。その結果、離脱賛成が51.9％。反対が48.1％となり、わずかの差で離脱に決まりました。

EU離脱を問う国民投票の投票用紙を集計する職員たち（2016年6月23日イギリス、バーミンガム）写真：AA/時事通信フォト

このため、離脱に反対していたキャメロン首相は辞任し、後任には同じ保守党内閣の内務大臣（内相）だったテリーザ・メイ氏（女性）が就任、離脱に向けてEUと交渉することになります。

EUは1993年のマーストリヒト条約によって、貿易の際の税金である関税を域内では撤廃し、各国でばらばらだった通貨も統一し、交通の自由化なども行うことで、巨大な経済市場をつくることなどを目的に設立されました。最初の加盟国はイギリス、ドイツ、フランス、ベルギー、オランダ、ルクセンブルグの６カ国です。その後、加盟国が増えて、現在は28カ国になっています。

EU域内では関税がなく、パスポートなしでの行き来が可能で、統一通貨「ユーロ」が使われています。ただ、イギリスだけは「ユーロ」ではなく、固有の通貨である「ポンド」を使用しています。

こうして発足したEUですが、近年増加している中東などからの難民問題、経済活動などでEUのルールに従わなくてはならないことへの不満、EU内で経済危機に陥っている国への支援による負担への反発などが大きくなり、イギリスをはじめ、比較的経済的に余裕のある国でEU離脱の動きが活発になっていました。イギリスではここ数年、議会を中心にEUからの離脱を求める勢力が大きくなったことから、キャメロン首相が離脱反対の立場から国民投票で国民の意思をはっきりさせたい、として行われたのが国民投票です。

キャメロン首相は離脱派が勝つとは思わず、国民投票を実施したのですが、結果は裏目に出ました。離脱決定の結果はヨーロッパだけでなく、日本を含め世界に衝撃を与えました。同時に、イギリスと同じように離脱の動きが活発になっている他の加盟国で離脱派を勢いづかせることにもなっています。

メイ新首相が離脱交渉を行うことになりますが、イギリスとしては交渉の開始をなるべく先送りして、EU離脱による影響を最小限にしたい考えです。これに対し、ドイツのメルケル首相、フランスのオランド大統領などは、交渉が遅れると、離脱の動きのある国が次々と離脱してしまう可能性があるため、イギリスには厳しい姿勢で臨む方針です。また、イギリス北部のスコットランドはEU離脱に反対の人が多いことから、イギリスから分離独立してEUに加盟したい考えだともいわれています。離脱に賛成したイギリス国民のなかにも、世界の衝撃の大きさから、再投票を求める動きもあり、しばらくは混乱が続きそうです。

入試問題ならこう出題される

入試によく出る時事ワード

基本問題

EU（ヨーロッパ連合）は、1993年の［①　　　　］条約によって、貿易の際の税金である［②　　　　］を域内では撤廃し、各国でばらばらだった通貨も統一し、交通の自由化なども行うことで、巨大な経済市場をつくることなどを目的に設立されました。

EUの最初の加盟国は［③　　　　］、フランス、ドイツ、ベルギー、オランダ、［④　　　　］の6カ国でした。

EUには現在、離脱を決めている［③　　　　］を含めて［⑤　　］カ国が加盟しています。

EU域内では［②　　　　］がなく、パスポートなしでの行き来が可能で、統一通貨「［⑥　　　　］」が使われています。ただ、［③　　　　］だけは、「［⑥　　　　］」ではなく、固有の通貨である「［⑦　　　　］」を使用しています。

EU加盟国のひとつである［③　　　　］は、2016年6月、「EUからの離脱に賛成か反対か」を問う［⑧　　　　］投票を行った結果、離脱賛成が上回って離脱することになりました。

発展問題

イギリスがEUを離脱したい理由のひとつに、中東からの難民問題があると言われています。なぜイギリスは難民を受け入れたくないのでしょうか。160字以内で説明しなさい。

基本問題　解答

①マーストリヒト　②関税　③イギリス　④ルクセンブルグ
⑤28　⑥ユーロ　⑦ポンド　⑧国民

発展問題　解答例

EU加盟国は条約により、原則として難民受け入れを拒否できません。難民の衣食住の費用は、国の税金からまかなわれるので難民が増えれば国民の税負担が増えます。難民が仕事をすれば、イギリス国民の仕事が奪われることにもなります。また、イギリス古来の文化が失われることへの不安や、治安の悪化への懸念が難民を受け入れたくない理由です。（160字）

共立女子第二中学校

The Second Kyoritsu Girls' Junior High School

～伝統と改革～ 自立した女性の育成を 目指す共立第二の進化

大学施設を中・高の校舎としてリニューアルし、2011年1月に新校舎に移転した共立女子第二中学校高等学校。豊かな自然に囲まれた広大な敷地、そして生活空間としても快適に過ごせるよう設計された校舎で、生徒たちは落ち着いて勉強に取り組んでいます。また、先取り学習導入を中心に据えた「教育制度改革」も順調に進んでおり、進学校としての機能を強化しつつ、のびやかでしなやかな女性の育成を目指す教育をさらに進化させています。

豊かな自然と充実の施設 居心地のよさが最大の特徴

共立女子第二中学校高等学校は、誠実・勤勉・友愛という校訓の下、高い知性・教養と技能を備え、品位高く人間性豊かな女性の育成に取り組んでいます。豊かな自然や充実した施設を背景に、伸び伸びとした教育を展開しています。

２０１１年より利用が開始された新校舎の中心となる1号館には、各階に「オープンスペース」（全4室）が設けられています。コンセプトは「個々の居場所をさまざまなスタイルで共有するスペース」。勉強中心の教室とは別の空間をつくることで、生徒にとって家庭のように居心地のよい場所を提供したいという思いが込められています。生徒の多くがこのスペースを使って、休み時間に読書をしたり、自習したりしています。皆が思い思いのスタイルで活用できる嬉しいスペースです。また、教師とのコミュニケーションの場ともなっており、積極的に質問をする生徒も増えました。

この1号館などいくつかの校舎に囲まれた、バラ園も広がる美しい中庭。ブラウジングコーナー、文芸図書コーナー、学習閲覧室など、多彩な顔を持つ広い図書館。さらに自習室やランチコーナーなども新たに設置され、生徒一人ひとり、いつもどこかに居場所がある、そんな居心地のよいキャンパスとなっています。

先取り学習導入による 進学指導の強化にも注力

学校で6年間を通して行われる進路指導は、「針路プログラム」と呼ばれています。中学1年次から段階を踏み、長期的な展望の下、将来への意識を高めています。教科とも連携しながら、それぞれの学年で必要な指導を行い、総合的なキャリア教育を実践しています。

より付加価値の高い「進学校」を目指して、大規模な教育制度改革にも取り組んでいます。２００９年度からは、中学

八王子キャンパスの全景

3年、高校1年にAPクラス（Advanced Placement Class）を導入し、難関大学進学を視野に入れて深化・発展した授業を行っています。

さらに２０１１年度からはカリキュラムの改定も実施。中3の1学期までに中学過程を終了し、2学期から高校課程に入る先取り学習を、主要5教科すべてで開始しました。中学3年の夏休みを「中学課程全体の振り返り・確認の期間」と位置づけ、確かな基礎学力の定着を図っています。また、無理なく先取り学習を推進できるように主要5教科の単位増を行い、行事も見直すなど、年間授業日数の増加にも取り組んでいます。

大学入試では、新コース制完全導入後最初の卒業生を出した２０１５年度に、国公立と難関私立大学の合格者数が前年度比3倍の躍進を遂げました。２０１６年度の合格実績もひき続き堅調です。生徒の頑張りはもちろんですが、教育制度の改革が形となって表れてきたことを感じます。なお現役進学率もたいへん高く、毎年約95%以上となっています。

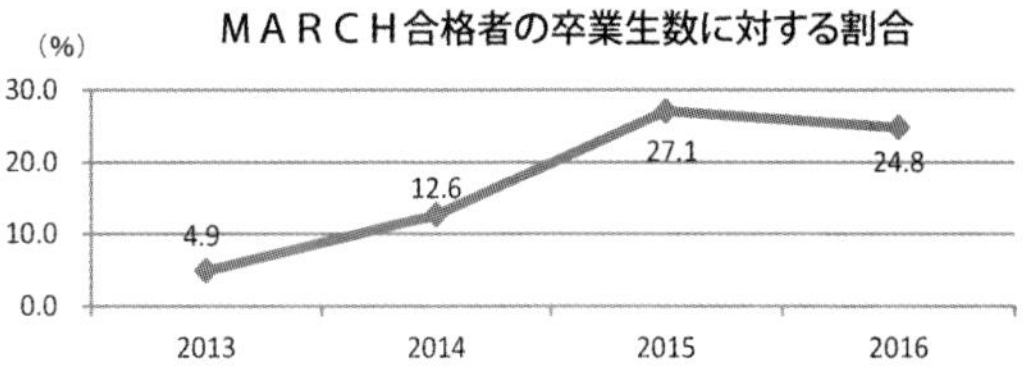

適性検査受験・給付奨学金制度 ～魅力的な入試制度

一般的な2科・4科試験に加えて、中高一貫校と同様の適性検査型入試や、英語の4技能テストも実施しています。午後入試は時間差を設けてスタート時間を選べるようになっており、受験しやすい体制を整えています。また、入試の合計得点率により入学金や授業料等を免除する「給付奨学金制度」も設けています。S奨学生では、授業料や施設設備費を3年間免除します。適性検査型入試でもこの制度は導入されています。

■平成29年度　募集要項

	海外帰国生	1回（AM）	1回（PM）	English 4-SkillsTest（PM）	適性検査型（PM）	2回（AM）	2回（PM）
募集人数	定めず	50名	35名	10名	30名	25名	10名
入学試験日	1月9日（月）9:00	2月1日（水）9:00	2月1日（水） Ⅰ.15:00 Ⅱ.16:00	2月1日（水）15:00	2月1日（水）15:00	2月2日（木）9:00	2月2日（木） Ⅰ.15:00 Ⅱ.16:00
選考方法	【学力試験】 2科（国語・算数） 【面接】 受験生のみ（日本語）	【学力試験】 2科（国語・算数） または 4科（国語・算数・理科・社会） のどちらかを選択	【学力試験】 2科（国語・算数）	【学力試験】 英語 (listening, reading, writing) 日本語作文 【英語面接】 (speaking)	【学力試験】 適性検査Ⅰ （国語） 適性検査Ⅱ （算数・理科・社会）	【学力試験】 2科（国語・算数） または 4科（国語・算数・理科・社会） のどちらかを選択	【学力試験】 2科（国語・算数）
合格発表 （インターネット発表のみ）	1月9日（月）16:00 （予定）	2月1日（水）17:00	2月1日（水）21:00 （予定）	2月1日（水）21:00 （予定）	2月2日（木）12:00	2月2日（木）17:00 （予定）	2月2日（木）21:00 （予定）
入学手続	2月5日（日）16:00	2月5日（日）16:00	2月5日（日）16:00	2月5日（日）16:00	2月10日（金）16:00	2月5日（日）16:00	2月5日（日）16:00

共立女子第二中学校

〒193-8666　東京都八王子市元八王子町 1-710
TEL：042-661-9952　FAX：042-661-9953
e-mail.k2kouhou@kyoritsu-wu.ac.jp

【アクセス】
※JR 中央線・横浜線・八高線「八王子駅」南口よりスクールバスで約 20 分
※ JR 中央線・京王線「高尾駅」より徒歩 5 分の学園バスターミナルよりスクールバスで約 10 分

≪平成28年度　説明会・公開行事≫

◆白亜祭（文化祭）
9月10日（土）　ミニ説明会11:30～／13:30～
9月11日（日）　ミニ説明会11:30～／13:30～

◆説明会・体験企画（要予約）
10月 8日（土）　11：00～　学校説明会・入試問題解説会①
11月 5日（土）　11：00～　学校説明会・入試問題解説会②
11月14日（月）　18：00～　ナイト説明会
12月 3日（土）　14：00～　入試説明会
12月17日（土）　14：00～　適性検査型入試のための説明会
12月18日（日）　9：30～　入試説明会・中学入試体験
1月14日（土）　11：00～　入試説明会

Pick up School

佼成学園中学校

男子校

KOSEI GAKUEN Junior High School

School Information

Address
東京都杉並区和田2-6-29

TEL
03-3381-7227

URL
http://www.kosei.ac.jp/kosei_danshi/

Access
地下鉄丸ノ内線「方南町駅」徒歩５分

GLPとICTで育てる 21世紀を担う人材

少人数制で、面倒見のいい男子教育に定評のある佼成学園中学校（以下、佼成学園）は、２０１６年度（平成28年度）からふたつの新しい取り組みをスタートしています。

グローバルリーダーを育てるＧＬＰがスタート

新しい取り組みのひとつ目が「グローバルリーダープロジェクト（Global Leader Project、以下ＧＬＰ）」です。ＧＬＰは様々な海外臨地研修・語学研修プログラムを通じ、使いたくなる実践的な英語力を養成するとともに、地球規模での多様な価値観や多文化を理解することで、将来、グローバルリーダーとして活躍していくための素養を磨くことを目的としています。

初年度となる２０１６年度（平成28年度）は、入学試験または定期考査の成績により希望者のなかから26名がＧＬＰ生として選出されました。選ばれたＧＬＰ生は単独でクラスを編成せず、各クラスに分散し、一般の生徒と共通のカリキュラムで基礎学力を養成しています。

これに加え、ＧＬＰ生は実践的で高度な英語力を養うプログラムに取り組みます。ＧＬＰ生を対象にした英語講習である「ＧＬＰトップレベル講習」や、学年の枠を越えて学ぶ、日本人教員とネイティヴ教員とのコラボレーションによる特別講座「グローバルコミュニケーション」を開設しています。

そして「実感、地球の手触り！」を掲げる佼成学園のＧＬＰが一味違うのは、豊富な海外研修プログラムです。

中学1年次では、モンゴルで遊牧生活体験やホームステイを行う「モンゴル異文化体験プログラム」に取り組みます。中1という早い段階から、大自然豊かな異国で過ごしたり、モンゴル人と交流をする機会を得ることになります。

また、中学2年次では、フィリピン・セブ島での語学トレーニングに取り組みます。プログラム実施前後にはオンライン英会話レッスンを校内で実施。十分なフォローを行います。セブ島でのトレーニングの後にはマニラへ、また、中学3年次に行われるマレーシア・シンガポール修学旅行の後にはタイへ赴き、平和学習やフィールド実践を行います。これらの活動には全て現地の同世代の子どもたちとの交流が予定されています。

海外ボランティア（フィリピン・セブ島）

そこには、自分の知らない世界をなるべく早いうちに見てほしいという思いと、建学の精神である「平和な社会に貢献できる男子の育成」というモットーが横たわっているといえます。

ＧＬＰでは海外・国内ともに豊富なプログラムを取りそろえていますが、このプログラムで学ぶ生徒は英語を使いこなし、異文化圏の人々としっかりとコミュニケーションが取れるという、まさにこれからのグローバル社会で必要とされる能力を身につけることができます。

ＧＬＰは中学3年間のみのプログラムですが、希望者は中3の3学期にニュージーランドへのターム留学に、そして高校ではイギリスでの語学研修や1年間の留学に参加することができます。また、難関国公立コースへ進学し、海外大学も視野に入れたこれまでとは全く異なる進路選択も可能になります。

佼成学園GLPのロードマップ（予定）

	中学校 中1	中学校 中2	中学校 中3		高等学校 高1・高2	卒業後の進路
海外プログラム	モンゴル異文化体験プログラム	フィリピン・セブ島英語留学	フィリピン・セブ島英語留学（希望者）	GLP修了時までに全員が英検2級取得 半数以上が英検準1級取得	イギリス語学研修（希望者）	スーパーグローバル大学（トップ型）または国内の国際系大学への進学
		フィリピン・マニラ平和学習プログラム	タイ・フィールド実践プログラム			
			オーストラリアホームステイ（希望者）		1年間の留学（希望者）	
			ニュージーランドターム留学（希望者）			
国内プログラム	特別講座　グローバル・コミュニケーション				難関国公立コース（別途基準あり）	
	GLPトップレベル講習					
		オンライン英会話レッスン（フィリピン人講師）			文理コース	
			青梅国際交流キャンプ			

コミュニケーションに重点を置いたICT教育

ふたつ目の取り組みは、最先端のICT教育です。ICTとはInformation & Communications Technologyのことで、佼成学園では、特にコミュニケーションの部分に重点を置いています。情報技術を活用して、生徒同士、生徒と教師、教師と保護者がコミュニケーションを円滑にはかること、そして、授業において、いろいろな共同作業や問題解決を行うツールとして使うことが意図されています。

設備としては、最新の電子黒板型プロジェクターと、引き下げるとホワイトボードになるスクリーンを中高の全教室に設置。従来の黒板と併用し、これまでの学習方式と新しい学習方式を融合させることで、より分かりやすく、効率的に、そして学習内容を共有したり、活発なプレゼンテーションに利用したりすることができます。

もうひとつはひとりにつき1台のiPad利用です。

昨年度の高1に加え、今年度からは中学3学年に導入し、中1から高2までの5学年がiPadを利用しています。学校全体で、無線でのインターネット接続も可能になっており、調べ学習や、学習内容の共有、相互コミュニケーションがより活発に行われていくことになるでしょう。

ひとり1台iPad

iPadには様々な教育用ソフトを入れることができます。佼成学園ではすでに学習記録をつけられたり、連絡事項を伝達できたりするものを使用しており、早くも生徒は積極的にこれらのソフトを使いこなしているそうです。

最先端の器具を活用することで、佼成学園は一歩先を行くICT教育を進めていきます。

GLPと最先端のICT教育。このふたつの新しい取り組みにより、佼成学園中学校は、21世紀型の自ら考えて学び、そして行動できる力を持った生徒を育てていきます。

佼成学園中学校に行ってみよう!!

学校説明会 ※要予約
すべて14:00～15:30
9月3日(土)　10月1日(土)
10月29日(土)

タブレット授業公開
両日とも10:40～12:30
10月15日(土)　11月5日(土)

適性検査型入試説明会 ※要予約
両日とも10:30～12:00
10月30日(日)
12月23日(金祝)プレテスト

イヴニング説明会 ※要予約
11月4日(金)18:30～19:30

入試問題解説会・学校説明会 ※要予約
両日とも10:30～12:30
11月20日(日)　12月18日(日)

入試体験会・学校説明会 ※要予約
1月8日(日)10:30～12:30

ファイナル相談会
1月13日(金)13:00～18:00
1月14日(土)　9:00～12:00
1月15日(日)　9:00～12:00

試して確かめる力を育む

＼親子でやってみよう／

科学マジック

強いぞ！ ティッシュペーパー

（そろそろ残暑も和らいできたけど、前回に続き、水を使ったマジックをやってみよう。水がこぼれることがあるので、キッチンなどで、お父さん、お母さんと一緒にチャレンジしよう。）

1 用意するもの

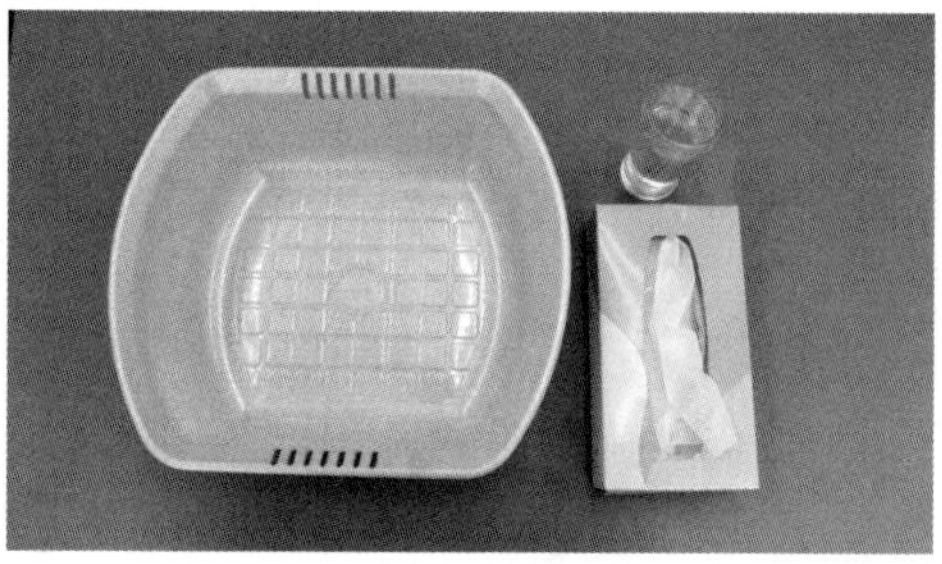

ガラスのコップ（水を8分目ほど入れておく）、ティッシュペーパー、洗面器

2 ティッシュを引き出して

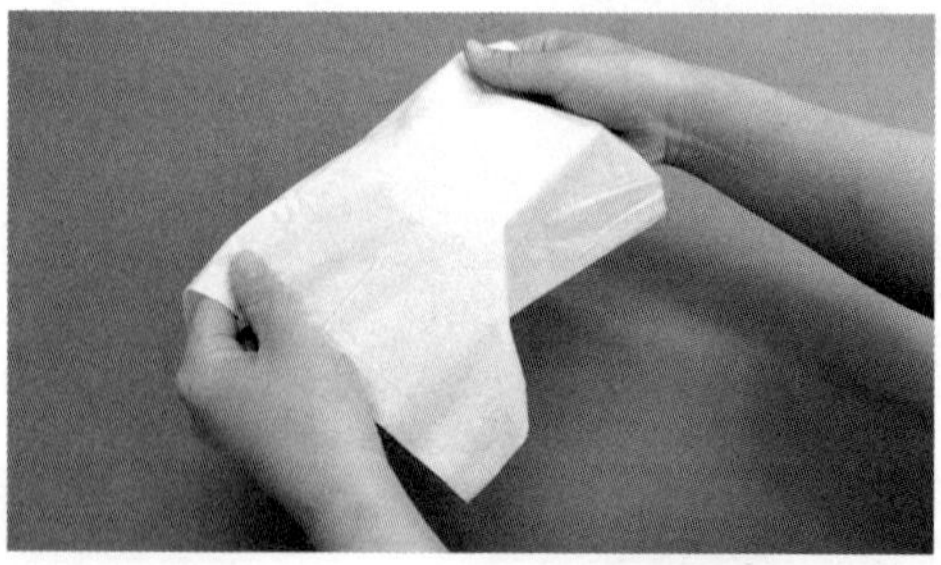

ティッシュペーパーを1枚引き出して、コップにティッシュペーパーをかぶせます。

3 ティッシュでコップにフタをする

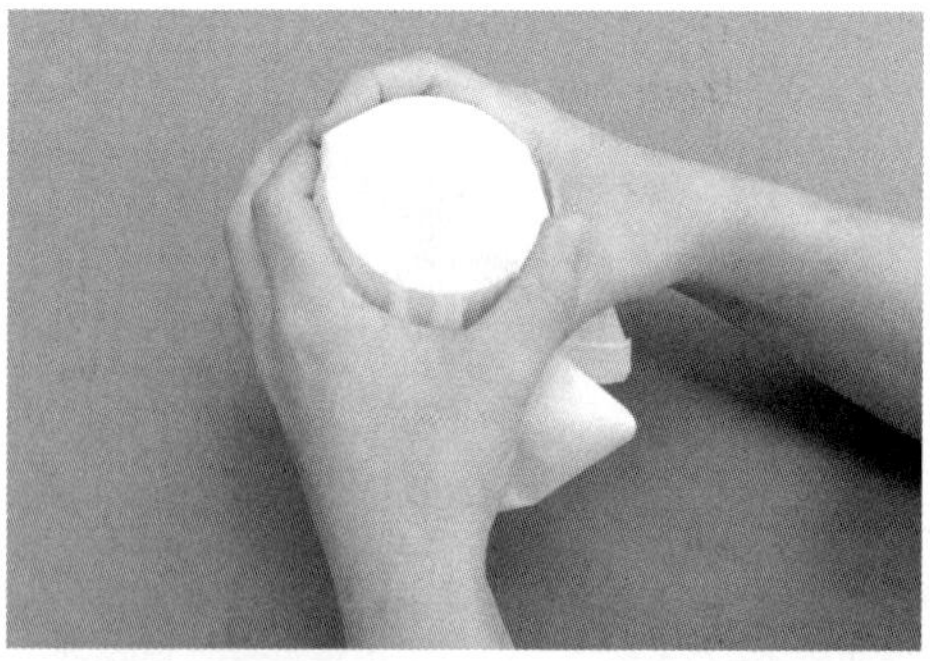

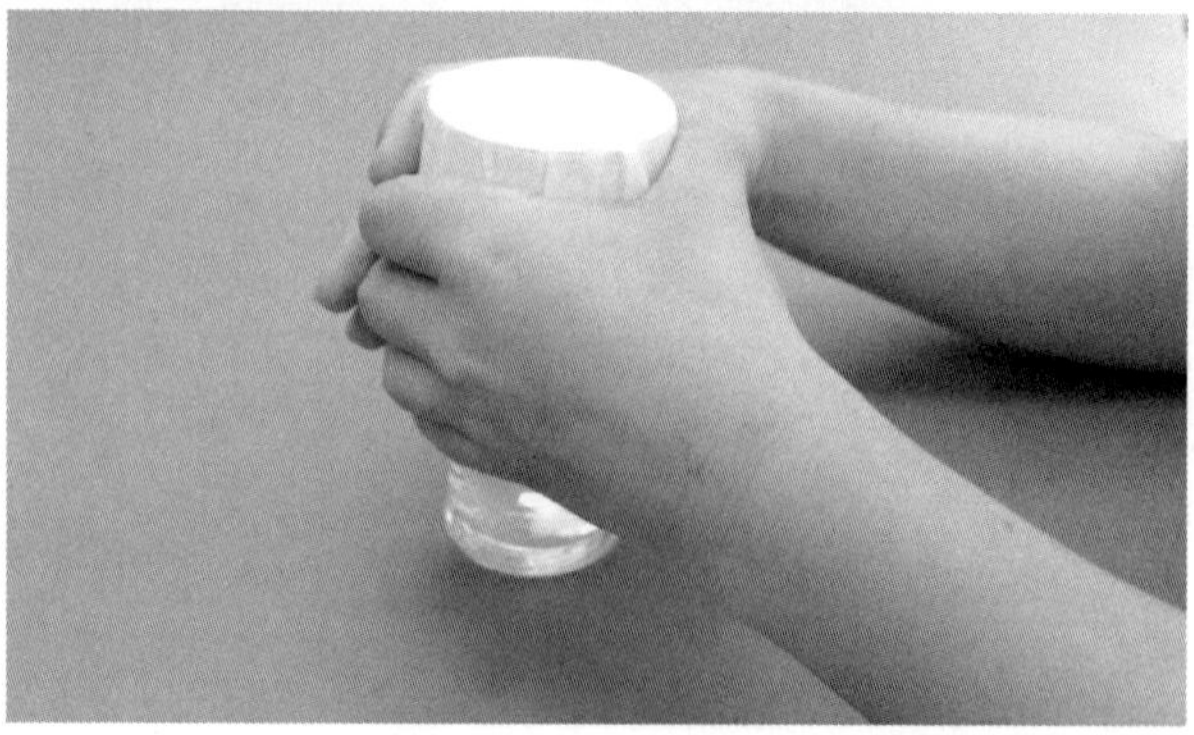

かぶせたティッシュペーパーを、コップの形に合わせ両手でおさえてフタをします（㊦横から見たところ）。

コップをひっくり返す 4

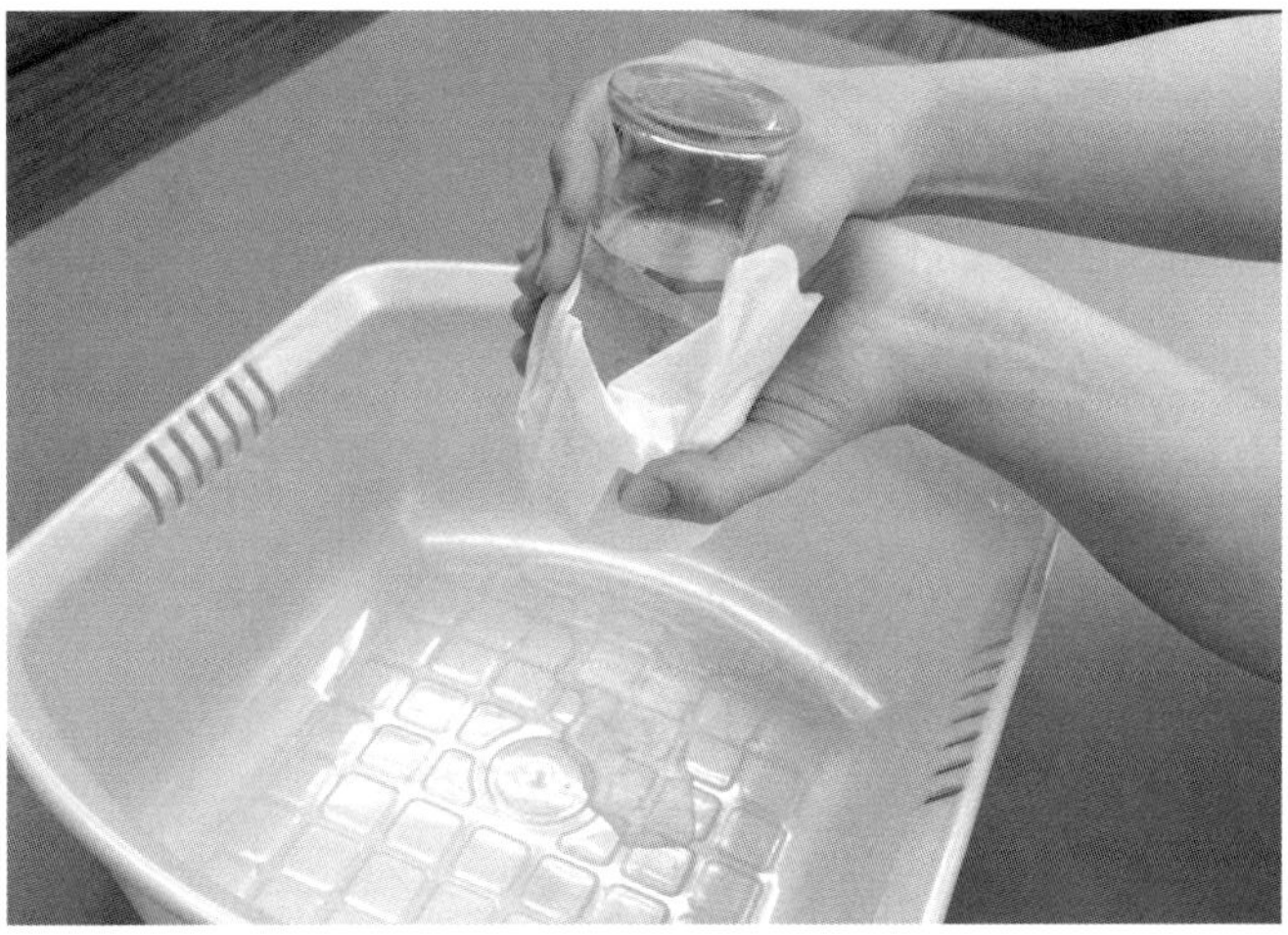

洗面器の上で、両手でティッシュペーパーを押さえながらコップをひっくり返します。ゆっくりで大丈夫。少し水がこぼれても気にしないで、コップを垂直にします。

水はこぼれないぞ! 5

そっと、ティッシュペーパーを押さえていた手を離しても、ティッシュペーパーも水も落ちません。本当に不思議です。

解説

水は、水分子という小さな粒が集まってできています。この粒はお互いに引っぱりあい、特に水の表面では強く内側に引っぱりあって、表面積をできるだけ小さくしようとしています。この力を「表面張力」といいます。ティッシュペーパーには目に見えない網目があり、この網のところでは、大気圧が水を下から押しあげ、さらに表面張力が、水をコップの内側に引っぱりあげようとしています。こぼれ落ちようとする水の重さ（重力）よりも、下から押しあげる大気圧と引っぱりあげようとする表面張力を合わせた力の方が大きいので、水はこぼれないのです。

学ナビ!! School Navigator

vol. 097

東京　八王子市　共学校

明治大学付属中野八王子中学校

NAKANO HACHIOJI Junior High School Attached To Meiji University

「質実剛毅」「協同自治」を建学の精神とする明治大学付属中野八王子中学校（以下、明大中野八王子）。八王子戸吹の豊かな自然に囲まれたキャンパスで、伸びのびとした学校生活を送ることができます。

明大中野八王子が目指すのは、一人ひとりの情操を育み、たんなる知識量の多さや小手先の器用さではなく、真に大切なものを自身の力で見出し、具現化する力を涵養《かんよう》すること。こうした教育理念のもと、学習や諸行事、クラブや委員会といった特別活動などをとおして、多角的かつ多面的に生徒の個性を伸ばし、時代を担う人間を育成しています。

未来につながる知力と人間力を育成

◇基礎学力の徹底と家庭学習の習慣づけ

明大中野八王子では、高校卒業までに高水準の学力を身につけられるよう、中学で「基礎学力の獲得」を重視しています。教科書内容の完全理解及び習得を目指し、丁寧かつ内容の深い授業に加え、国語・数学・英語では普段から講習も行われ、基礎力とともに応用力を身につけていきます。数学と英語においては、夏期休業中も講習が実施されます。

特徴的なのは、国語と英語の授業において「自分を表現するための言葉」、つまりコミュニケーション能力を育成していることです。

国語では、作文を書いたりスピーチを行ったりと、生徒が自己表現する機会を多く取り入れています。

英語では、1クラス2展開の少人数授業を展開し、ネイティブの教員と日本人の教員によるチームティーチングの英会話授業も実施するなどきめ細かく指導しています。

また、家庭での学習習慣を身につけることも重要だと考えられ、授業での学習内容、家庭学習の時間などを記録する「生活記録カード」を活用しながら、「自律／自立的学習者」へと生徒を導いていきます。

◇大学卒業後をイメージ「いかに生きるか」

学習指導と両輪をなすのが進路指導です。明大中野八王子では、進路とは「いかに生きるか」という問いに向きあうことだと考えられています。漫然と進学するのではなく、生徒に「自分は何を学びたいのか」を考えさせ、職業観や人生観に基づいた大学・学部探しを行います。

そのため、中1から大学卒業後の職業選択までを視野に入れた計画的かつ段階的な進路指導が行われ、早い時期から将来に対する興味や関心を喚起しています。例えば、中学では職業インタビューや職業理解のための講演会、大学の学部・学科研究を行います。そして高校で、職業や学部・学科への理解を深め、最終的な進路を決定し、高2からの文系・理系のコース選択で、個々の適性に合わせた学びを深めていくのです。

大学進学については、明治大学の付属校であるため、一定の基準を満たすことで明治大学への推薦入学の資格を得ることができ、例年多くの生徒が明治大学へと進んでいます。

その一方で国公立大学併願制度も用意され、明治大学への推薦入学資格を得たうえで、国公立大、7つの大学校を受験することもできます。

生徒たちが自己実現できるように「自ら伸びる力」を引き出し、未来につながる知力と人間力を育てる明治大学付属中野八王子中学校です。

School Data

明治大学付属中野八王子中学校

東京都八王子市戸吹町1100

JR中央線・八高線・横浜線「八王子駅」、JR五日市線「秋川駅」、京王線「京王八王子駅」バス

男子239名、女子255名

042-691-0321

http://www.mnh.ed.jp/

千葉　船橋市　共学校

千葉日本大学第一中学校

Chiba Nihon University Daiichi Junior High School

「真・健・和」の精神のもと 自立した人間へと成長

千葉日本大学第一中学校（以下、千葉日大一）は、1968年（昭和43年）に開校した日本大学の付属校です。まもなく創立50周年を迎えます。

日本大の建学の精神「自主創造」をベースに、千葉日大一独自の校訓として掲げるのが「真・健・和」です。これには「まっ直ぐな気持ちで真理を探究し、心身ともに壮健で、自他の人格を尊重して社会の一員として協力し合う精神を持てるような人格の完成を目指す」という意味が込められています。勉強だけ、部活動だけではなく、どちらも両立できる自立した生徒の育成を目指し、規律ある校風を継承しています。

ゆとりある6年間でしっかり学力養成

千葉日大一では、「6年間持ち上がり担任制」を導入し、教員グループが各学年の入学から卒業までを見守る体制をとっています。そして、6年間を2年ずつ前期、中期、後期に分け、それぞれの段階で成長に合わせた教育を実践しています。

中1、中2の前期は、基礎学力養成期と位置づけ、主要教科の授業時間数を増やし、確かな実力を身につけていきます。同時に、規則正しい生活習慣や自ら進んで学習に臨む姿勢を定着させるため「三点固定」教育を行っていきます。「三点」とは、起床時間、家庭学習時間、就寝時間のこと。これらの時間を生活の柱として固定することで、1日の生活リズムを確立していくのです。

将来の志望を徐々に固めていく中期にあたるのが、中3と高1です。中3は中高一貫のメリットを活かして、高校の学習内容を先取りします。高1からは、国公立大や最難関私大を目指す「特進クラス」と、日本大の各学部、難関私大を目指す「進学クラス」に分かれます。千葉日大一は日本大への推薦制度が整っているため、希望者はその制度を使って志望学部への進学が可能です。

高2、高3は後期です。各々の目標をクリアするために学力を伸ばす時期で、高2で進学クラス、特進クラスともに文理分けがなされます。教科書の範囲は高2で終え、高3では、より実践的な力を育むための多彩な講座が用意されています。

日本大の付属校として連携教育を実施

日本大への推薦制度が整うばかりでなく、各学部の特色、内容を大学の先生から説明してもらう説明会も開催されます。

隣接する日本大理工学部とは、放課後などを利用した高大連携教育が行われています。講義型の授業に加えて、ロボット制作やプログラミングを学ぶものなど体験型の授業もあり、大学での学びを肌で感じることができます。さらに夏休みには、日本大の医・歯・薬学部で体験授業、看護体験ができる「医歯薬系研修」、理工学部や文学部などの授業を体験できる「夏季体験授業」が希望者向けに実施されています。

付属校のゆとりある6年一貫教育のもと、生徒の多岐にわたる進路を応援する千葉日本大学第一中学校。創立50周年事業として進められている新校舎の建設工事は、2017年（平成29年）秋に完了予定です。新しいシンボルのもとで、進化を続けていくことでしょう。

School Data

千葉日本大学第一中学校

千葉県船橋市習志野台8-34-1

東葉高速鉄道「船橋日大前駅」徒歩12分、JR総武線「津田沼駅」・新京成線「北習志野駅」バス

男子364名、女子251名

047-466-5155

http://www.chibanichi.ed.jp/

「より良く生きる」ことを考える
「本当の教養を身に付けた国際人」を育成

東《とう》洋《よう》大《だい》学《がく》京《けい》北《ほく》中学校

東京都　文京区　共学校

2015年度（平成27年度）から改革を続けている東洋大学京北中学校。校名変更、新校舎移転、男女共学化して２年目を迎え、「より良く生きる」をテーマに独自の哲学教育（生き方教育）・国際教育・キャリア教育を展開しています。

石坂《いしざか》 康倫《やすとも》 校長先生

生き方を模索する素地をここで生徒につくらせたい

東洋大学京北中学校（以下、東洋大京北）の創設者である井上円了博士は、「諸学の基礎は哲学にあり」の精神を基とした哲学者です。東洋大京北においても哲学教育は盛んで、石坂康倫校長先生は、「本校で生徒にいかにして生きていくかを考える素地をつくらせたいと思っています。ただ生きればいい、というのではありません。『より良く生きる』ことが大切です」と話されます。

では、教育テーマである「より良く生きる」とは、どういう意味なのでしょうか。石坂校長先生は、「大小問わず何かで人の役に立てること、社会に貢献できること、そして、それを自らの生き甲斐にできたら幸せな生き方です。身近な人を幸せにすることが、『より良く生きる』ことにつながります」と語られます。

また「礼儀を正して、人の話を真《しん》摯《し》に聞き、労苦を惜しまず力を尽くせば、不可能なことも可能になり、より良い人生につながる」という意味のメッセージが学校の骨子となっています。「多くの学者や宇宙飛行士が今、10年前には考えられなかったことを成し遂げています。それは、このメッセージにあるような生き方をしたからです。実現させたのも、自身の名誉のためではなく、人の役に立つためでしょう。生徒にも人の役に立つことを喜びにできる人になってほしいです」と石坂校長先生。

さらに東洋大京北では「本当の教養を身に付けた国際人の育成」を教育理念に掲げています。「本当の教養」とは何でしょう。石坂校長先生は学力と心の両面があるといいます。

「学力面では俯瞰《ふかん》して全体を見る力と、一つひとつを深く掘り下げて探究する力。心の面では人の良し悪しの両面を見て理解する豊かな心と、相手の立場になって考える思いやりの心を育てます。それらを持つ人が増えれば社会は変わるし、それらがない人は『国際人』を名乗るべきではありません」（石坂校長先生）

このなかで、「俯瞰して全体を見る力」を高めるのが「全科目履修型カリキュラム」です。また、中1から始まる「国語で論理」では、分析・考察・表現などを学び、海外の人たちと話し合う際に必要となる論理的思考力や表現力を身につけます。石坂校長先生は、「進学も重視しています。東洋大学の附属校ではありますが、生徒たちには高い志を持って、行きたい大学に行ける力を身につけてほしいです」と話されます。

２０１７年度入試では、こうした学校の想いが込められた「『哲学教育』思考・表現力入試」が導入されます。また、内部生は高校進学時に高入生と混ざらず、完全中高一貫教育となります。最後に、石坂校長先生にメッセージをいただきました。

「学校選択は、校名や偏差値を見るだけではなく、実際に学校で生徒を見て決めることがポイントです。本校の生徒たちは、互いがんばったことをたたえ合う文化があります。あと、お手洗いの清潔感をチェックしてみてください。意外と重要なんですよ」（石坂校長先生）

説明会日程

学校説明会 要予約
９月24日(土) 15:00～16:30
10月30日(日) 10:00～11:30
11月26日(土) 15:00～16:30
12月10日(土) 15:00～16:30
１月14日(土) 15:00～16:30

オープンスクール 要予約
10月23日(日) ９:00～13:00

入試問題対策会 要予約
12月18日(日) ９:00～12:00／13:30～16:30

京北祭(文化祭)
両日とも10:00～15:00
10月１日(土)
10月２日(日)
※入試相談室あり

SCHOOL DATA

所在地　東京都文京区白山2-36-5
アクセス　都営三田線「白山駅」徒歩６分、地下鉄南北線「本駒込駅」徒歩10分、地下鉄丸ノ内線「茗荷谷駅」徒歩14分、地下鉄千代田線「千駄木駅」徒歩19分
TEL　03-3816-6211
URL　https://www.toyo.ac.jp/toyodaikeihoku-jh/

ジュクゴンザウルスに挑戦！

「熟語のことならなんでも知ってるぞ」っていうジュクゴンザウルスが、「このパズル解けるかな」って威張っているぞ。
さあ、みんなで挑戦してみよう。 〈答えは95ページ〉

【問題】空いているマスに、【A】【B】それぞれの漢字リストにある漢字を入れ、タテ、ヨコに熟語をつくってクロスワードを完成させましょう。できあがった四字熟語、三字塾語、二字熟語、それぞれの意味も考えましょう。

【A】

		■	料
	■	代	
	知		■
行	■		

【Aの漢字リスト】
一、表、番、方、品、作、通、理

【B】

		一	
■	話	■	
市			■
	■		

【Bの漢字リスト】
一、代、所、無、役、長、金、有、世

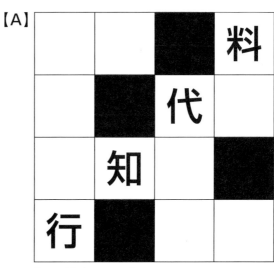

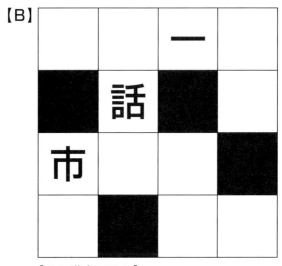

special report

文京学院大学女子中学校

―スポーツサイエンス―
スポーツと学業の両立を目指す

２０１５年度（平成27年度）からコース制をスタートした文京学院大学女子中学校。3つのコースを3回にわたってご紹介しています。最終回の今回は、スポーツと学業の両立をとおしてライフスキルを磨く、スポーツサイエンスです。

生徒の個性を伸ばす 3つのコース制

創立から90年を超える伝統を持つ文京学院大学女子中学校（以下、文京学院）は、文京区本駒込、歴史的観光名所・六義園に隣接する静かな環境にキャンパスを置く中高一貫の女子校です。

２０１２年度（平成24年度）に、都内の私立女子校として初めてスーパーサイエンスハイスクール（ＳＳＨ）に指定され、２０１５年度（平成27年度）にはスーパーグローバルハイスクール（ＳＧＨ）アソシエイトに指定されるなど、その教育内容に期待が寄せられています。

２０１５年度（平成27年度）よりスタートした新カリキュラムでは、国際感覚を育むグローバルスタディーズ（Global Studies）、理数教育により女性サイエンティストの育成を目指すアドバンストサイエンス（Advanced Science）、そして今回ご紹介するスポーツサイエンス（Sports Science）の3つのコースが新設されました。それぞれのコースに分かれるのは中2から。中1の1年間はファンデーションステージ（Foundation Stage）と呼ばれ、基礎学力の育成と学習習慣の定着を目標とし、中2から自分に合ったコースを選び、学びを深めていくカリキュラムとなっています。生徒がそれぞれの将来を意識し、得意分野を積極的に伸ばすことができるコース編成が魅力です。

スポーツを科学する 探究活動で育む能力

今回ご紹介するスポーツサイエンスは、スポーツ科学を学ぶという、他校にはあまり類をみない内容のコースです。もともと文京学院はクラブ活動の盛んな学校で、多くの生徒が部活動に打ち込んでいます。

なかでも18ある体育系クラブの活躍は有名で、バレーやサッカーを筆頭に全国レベルの実績を残しているクラブもありますし、アーチェリー、チアダンス、カラーガードなど珍しいクラブもあります。こうした校風のもと、スポーツサイエンスが設置された意図とその目指すところについて、広報企画主任の床爪克至先生にお話を伺いました。

「まずお伝えしたいのは、スポーツサ

文女祭（文化祭）
校舎見学・個別相談実施

9/24（土）10:00　9/25（日）10:00

部活動体験week

10/3～10/8（月）（土）

文京学院大学女子
中学校 高等学校
東京都文京区本駒込6-18-3
Access:
JR山手線・地下鉄南北線
「駒込駅」・JR山手線・
都営三田線「巣鴨駅」徒歩5分
TEL:03-3946-5301
URL:
http://www.hs.bgu.ac.jp/

イエンスが、スポーツ活動と学業の両立を前提にしている点です。名称から、クラブ活動などで実績をあげることを第1目標としたコースだと思われるかもしれませんが、そうではありません。スポーツをやりながら、しっかり学力をつけることを目指します。

現在の学校教育において、スポーツと学業はどちらかに偏りがちな傾向があります。しかし、スポーツでは戦略や駆け引き、データの分析や活用など、知識や学力も必要です。また、スポーツに取り組むことで、これからの社会や人生をたくましく生き抜いていく力、組織のなかでの個の役割を果たす力といったライフスキルを修得できるように導いていきます。

2020年の東京オリンピックに向けて、今、日本ではスポーツの世界に注目が集まっています。今後一層の発展が期待される分野であり、スポーツ関係の職業へ就く人材は増えていくと考えられます。そうした将来を見据え、スポーツを愛する本校の生徒が、これからの日本のスポーツ界を担う人材として活躍できる力を育んでいける場をつくりたいという思いから、このコースを設立しました」（床爪先生）

スポーツサイエンスでの充実したプログラムをご紹介します。各学年で、スポーツをテーマにした探究活動「スポーツ・サイエンス・ラボ」に取り組みます。中2でテーマごとに分かれたスポーツ・ラボに所属し、グループ研究を行い、中3で中学卒業研究としてまとめます。高校でも探究活動に取り組み、希望者はSSH活動と連携し、外部での研究発表を目指すこともできます。さらに高2では、企業研究としてスポーツに関連する職業の現場を学ぶフィールドワークも行われます。

また、高2では、スポーツ科学先進国との交流プログラムとして、オーストラリア・ゴールドコーストでの海外スポーツ研修（希望制）があります。

床爪先生は、「そのほか、専門家から身体や心の仕組みなどを学び、自分の身体の管理方法やメンタル強化法に役立つような課外講座を『スポ学講座』として実施していくなどスポーツ活動に取り組む生徒をサポートしていきます。このように、スポーツサイエンスでは、スポーツ活動と探究活動によって、スポーツ科学や体育分野だけではなく、医療や栄養などの理系分野や経営などの文系分野など多様な進路を目指す力を育みます」と語られました。

特色ある3つのコースから、自分の個性を伸ばすことのできる文京学院の教育に注目が集まっています。

学校説明会
文京生体験
要予約

10/25（日）
10:00

学校説明会
入試解説

9/18（日） 11/13（日） 1/15（日）
午前の部 10:00~11:30
午後の部 13:30~15:00

注目の1校

目《め》白《じろ》研《けん》心《しん》中学校

自分で未来を切り拓く「新コース制」始動 真のグローバル人材となるための力を養う

2016年（平成28年）、目白研心中学校・高等学校は、「自分の人生を自分で切り拓ける人材を育てたい」という思いから、既存のコース制をより進化させています。グローバル時代を生き抜くための「主体性」を身につける、その仕組みとは一体どのようなものなのでしょう?

生きていく道を自分で選択する「自由と責任」を

これまでも、学習ペースや進学目標に適した環境で学べる3コースを設定していた目白研心中学校。入学時、「特別進学コース」か「選抜コース」に入り、中学3年次から「Super English Course（SEC）」を含めた3コースに分かれる仕組みでした。

なお、SECについては『サクセス12』2016年7・8月号にて詳しくご紹介しています。

新コース制では、中学2年次までひとつのコースで学びます。国語・数学・英語の3科目は習熟度別授業を実施し、得意科目を伸長させます。そして同時に、コース選択に向けての進路指導を行います。中学3年次に、目標進路に合わせて「総合コース」「特別進学コース」「SEC」の3つからコースを選択し、1年間、自分で選んだ学習環境を経験します。

なぜ、このような仕組みに進化したのでしょうか。その理由について、長谷良一教頭先生は「自分で選ぶという自由と責任を、生徒たちに経験してほしいからです」と話されます。

特徴は、コース選択のチャンスが2回あることです。中学3年次にトライアルとして「第一の選択」をし、高校1年次に正式な「第二の選択」をします。「最初の選択で、『やっぱり違う』と思うことがあるかもしれません。せっかく6年間あるのですから、一度失敗し、選び直すことも大切な経験です」と長谷教頭先生。さらに高校2年次には文理選択を中心とした「第三の選択」を行い、進路希望の実現を目指していきます。

グローバル時代を生き抜くそのために必要な3つの力

グローバル人材の育成は、コースに分かれる前の中学1・2年次から始まります。目指しているのは、「コミュニケーション力」「問題解決力」「自己肯定力」の養成です。

「コミュニケーション力」を養成する取り組みのひとつとして、「クリティカルシンキング」の授業があります。自分の考えを「なぜ」「例えば」の具体例や理由を交えながら、きちんと表現できるようにトレーニングします。

「クリティカルシンキング」の授業風景

「問題発見解決力」の養成の要は、「セルフマネジメントノート」。その日に行った学習を記録し、振り返り、新たな目標を立て、実行します。「自分で気付きがあるからこそ、次の目標が立てられる」とのこと。

一方、セルフマネジメントノートは「自己肯定力」の養成にもつながります。担任が毎日チェックし、よいところを認め、ほめることで生徒の自己肯定感を高めるのです。また、中学1・2年生では「二人担任制」により複数の目で生徒を見守り、ほめるチャンスを逃しません。行事にも、表彰の機会など、「自己肯定力」につながる要素を積極的に取り込みます。

「3つの力を身につけ、自分で目標に向かい、人生を勝ち取っていくことがグローバル社会では必要です」と長谷教頭先生。目白研心中学校は、真のグローバル人材を育成するため進化し続けます。

School Data

所在地：東京都新宿区中落合4-31-1
電話：03-5996-3131
アクセス：西武新宿線・都営大江戸線「中井駅」徒歩8分、都営大江戸線「落合南長崎駅」徒歩10分、地下鉄東西線「落合駅」徒歩12分
URL：http://mk.mejiro.ac.jp/

学校説明会

9月 6日(火) 10月 6日(木)
10月29日(土) 11月18日(金)
12月11日(日)
すべて10:30～

見学会

11月29日(火)　10:30～

桐陽祭(文化祭)

9月17日(土)　9月18日(日)
両日とも9:00～

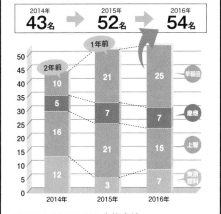

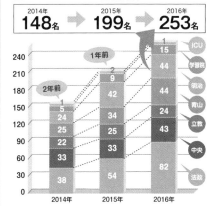

ジュクゴンザウルスに挑戦!

熟語パズル 答え

問題は91ページ

【Aの答え】

一	番		料
方		代	理
通	知	表	
行		作	品

【Aで完成した四字熟語】一方通行、【三字熟語】通知表、代表作、【二字熟語】一番、料理、代理、作品

※一方通行は、道路での進行を一方向に限って許すことだけでなく、二者間でのやりとりや伝達が、ある一方からだけなされることを指す。

【Bの答え】

一	世	一	代
	話		金
市	役	所	
長		有	無

【Bで完成した四字熟語】一世一代、【三字熟語】世話役、市役所、【二字熟語】市長、代金、所有、有無

※一世一代は「いっせいいちだい」と読む。「いっせいいちだい」は誤り。世話役は世話人と同じ。団体や会合などの中心となり運営に携わる人。

できあがった三字熟語に注目しよう。通知表、代表作、世話役、市役所だけど、それぞれ二字熟語と漢字ひとつに分けることができるよ。通知と表、代表と作、世話と役、市と役所というわけだ。このように分けるとその意味も分かりやすくなる。三字熟語のなかには、このほか、一字ずつに分けるしかないものもある。例えば、大中小や心技体、真善美などだ。探してみると面白いよ。

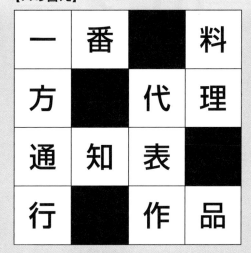

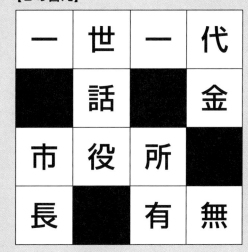

グローバルリーダーを育てる

SGH指定校

富《ふ》士《じ》見《みが》丘《おか》中学高等学校

２０１０年（平成22年）に創立から70周年を迎えた女子教育の伝統校・富士見丘中学高等学校。２０１５年（平成27年）にＳＧＨ指定校となり、新しい時代を生きる、豊かな知性と教養を備えた女性の育成をさらに推し進めています。

文科省よりSGHに指定

富士見丘中学高等学校（以下、富士見丘）は、２０１５年（平成27年）に文部科学省よりＳＧＨ（スーパーグローバルハイスクール）に指定を受けました。

これは、将来国際的に活躍できるグローバルリーダーの育成に努める学校として、公に認められたことを意味しています。グローバルリーダーを育成するために、富士見丘では従来の学校の枠を打ち破る新たな学校生活をデザインしました。

それは、

①グローバルイシューの理解とその解決に向けた情熱の向上を目指す、国内外の大学との高大連携プログラムの開発

②生徒の主体的な学びを実現し、他者と協働して課題を解決する力を養う21世紀型教育（アクティブラーニング）の実践

③海外の人と英語で意見交換することに対する意欲と、コミュニケーション力を育てるグローバルスタディプログラムの推進

の３つより構成されているのです。

富士見丘のＳＧＨプログラムの特徴は

1、入学した生徒全員がこの教育を受けられること

2、中高６カ年のプログラムであること

です。ＳＧＨ指定校の多くは高校のプログラムとして実施していることがほとんどですが、富士見丘ではその下地を中学3年間で身につけさせるのです。

「中1思考力スキルアップLHR」と「中2×ムサビ コラボ展」

富士見丘では、中高一貫校としてのＳＧＨプログラムに取り組んでいます。まず、中1ではグループで協力しながら課題に臨むアクティブラーニング型の授業として、「思考力スキルアップロングホームルーム」を実施。ひとつのテーマについて自分の考えを述べ、周囲の仲間とコミュニケーションを取りながら課題を解決していくというプログラムです。論理的思考力とともに、表現力・発信力を身につけさせることを目標としています。

中２生がムサビを訪問

今年度、中２では新しい取り組みとして、武蔵野美術大（ムサビ）との中大連携プログラムを発足しました。具体的には、富士見丘の中２生がムサビの学生の絵をお借りし、富士見丘校内で展覧会（今年度は11月23日〈水祝〉に開催）を開くというものです。その際、ムサビの学生から絵の背景やモチーフなどを伺い、中2生がキュレーター役を務め、見学にいらした方にその絵の説明をします。

7月には中２生全員で小平市にあ

る武蔵野美術大を訪問し、教授や学生の講義を受けたり、学内の美術館を見学したり、学食でランチを食べたりと大学生気分を味わいました。

また、夏休み前には教授が富士見丘にいらっしゃり、グループワークショップ形式で、展覧会の題名を決めたり、チラシづくりのノウハウを学んだりしました。11月23日の「富士見丘×ムサビコラボ展」がどのようなものになるのか今から楽しみです。

高大連携プログラム

SGH指定校の富士見丘が進めるプログラムのひとつとして、高大連携プログラムがあります。富士見丘の考える高大連携とは、たんなる大学教授の出張授業ではなく、高校・大学それぞれが単独ではなしえないことを両者が連携することで、達成することを目標としています。

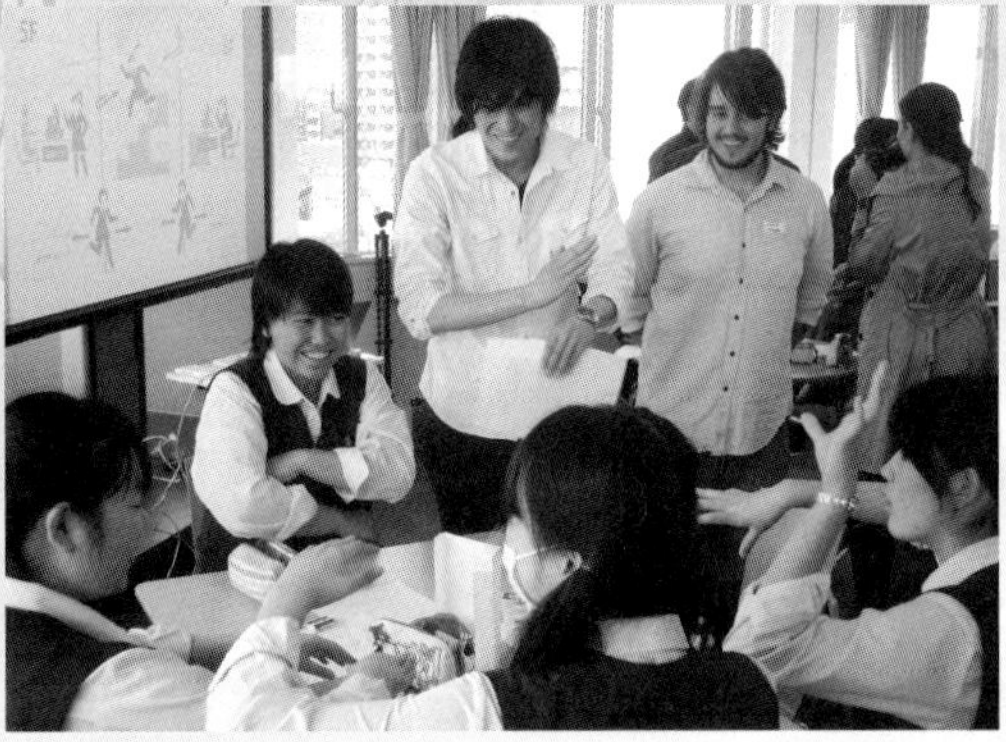

高１慶應義塾大学院との高大連携プログラム

今年度は慶應義塾大学院メディアデザイン研究科大川研究室とも連携を結び、高1生全員が受講する「サステイナビリティ基礎講座」において、年間全8回のアクティブラーニング型授業を実施しています。この授業では、ファシリテーターとして参加する大学院生の半数が留学生で、高1生の各グループに英語でアドバイスをしてくれ、高校生には大いに刺激を与えてくれています。

さらにこの講座では、富士見丘の教員による年間全12回の教科横断型の授業や、10月に1泊2日で実施する釜石フィールドワーク、高2で実施する海外フィールドワーク（シンガポール・マレーシア・台湾）をとおして、思考力・判断力・表現力を磨き、世界に通用するグローバルリーダーを育てているのです。

様々な海外研修制度

世界の若者のなかで、自分の意見を発信するためには相応の英語力が求められます。富士見丘では英語4技能（読む・書く・聞く・話す）のレベルアップのために、TOEFL Juniorを取り入れました。

イギリス姉妹校からの留学生とホストシスター

また、中学には英語特別コースを新設。現在も中学全生徒の約15～17%の割合で帰国生が存在し、その英語の授業はネイティブ教員の取り出し授業となっていますが、この英語特別コースの英語の授業も、英会話はもちろんのこと、週6時間の英語の授業はネイティブ教員が担当する予定です。

このコースの生徒は高校進級時においても、やはり来年度新設されるアドバンストコース（英語特進コース）に接続します。授業で身につけた英語力を実践する場として、全員が参加する中3オーストラリア・高2アメリカ修学旅行は姉妹校交流をメインプログラムとしています。

また、約3週間のホームステイを中心としたイギリス短期留学、イギリス・アメリカ・オーストラリアの姉妹校5校に年間約10名が選抜される3カ月・6カ月留学など様々な海外研修制度が用意されています。

そして、それらの海外姉妹校から留学生が年間をとおしてやってきます。つまり、富士見丘のなかで海外交流ができるのです。

今年度は姉妹校からだけでなく、タイやインドといったアジアの国の中高生が来校し、富士見丘生とペアになって、笹塚にある商店街で買い物ツアーに出かけるなど、新しい試みにチャレンジしました。

School Information

所在地　東京都渋谷区笹塚3-19-9
TEL　03-3376-1481
URL　http://www.fujimigaoka.ac.jp/
アクセス　京王線「笹塚駅」徒歩5分

駒込中学校

KOMAGOME Junior High School

共学校

知るとは出来ること！
駒込のアクティブラーニング

併設型中高一貫教育の特色を活かした独自教育が魅力の駒込。グローバルマインドを育む教育内容をご紹介します。

新しい時代を見据えた温故知新の教育精神

1682年、了翁禅師により「勧学講院」が設立されたのを始まりとする駒込中学校・高等学校。330年を超える歴史を持つ伝統校です。仏教の教えのもとで伸びやかな個性を育む人間教育を重視すると同時に、温故知新を掲げ、時代に対応した様々な教育改革を推進している私立校として注目を集めています。

駒込の学校教育について、河合孝允校長先生に伺いました。

「技術の進歩がさらに進めば、単純作業は全て機械が担う時代が来るでしょう。そうなると、これまで人間が行っていた業務の多くは不要となり、職業観も大きく変わっていくはずです。変わりゆく世界を生き抜くためには、自己肯定感をしっかりと確立し、自分自身に誇りを持たなければなりません。学校は、これからの時代に求められるこうした能力を想定して教育を行う必要があります。本校では、変革の時代だからこそ、これまでどおりに教育の原点である基礎学力をきちんと育む点を重視しつつ、時代に対応するグローバルマインドを育てていきます」（河合校長先生）

「21世紀型」の生徒のための教育を具体的に見ていきましょう。

中学入試での英語特別枠入試（英検4級レベル）の導入や、高校から「国際教養コース」を立ち上げるなど、グローバルな人材育成に力を入れ、中学では1クラスを2分割した少人数制の英会話授業を実施。中1から英語を英語で学ぶオールイングリッシュ授業も取り入れています。さらに「夏休みハワイ語学セミナー」や、中3の「フィリピン・セブ島の短期語学研修」、高校での留学制度などもあるという充実ぶりです。

また、高度情報化時代に対応し、電子黒板・タブレット端末・プロジェクター・PC・インターネット・eラーニング教材等のICTを駆使した授業も展開され、生徒の学ぶ意欲を育んでいきます。

同時に、自国の文化・伝統・歴史を学び、世界で活躍する際の礎となるアイデンティティーを育みます。仏教修行生活を体験する日光山研修（中2）や比叡山研修（高1）をはじめ、心の教育にも重点が置かれている点も特徴と言えます。

時代を見据えた独自教育で生徒を伸ばす駒込中学校・高等学校です。

2017年度（平成29年度）入試情報

	第1回	第2回			第3回	第4回
試験日	2月1日（水）	2月1日（水）			2月2日（木）	2月5日（日）
集合時間	8:30	14:00			8:30	8:30
募集コース	スーパーアドバンスコース・アドバンスコース					
受験型	2科型または4科型	4科型	英語特別枠	適性検査型	2科型または4科型	4科型
募集定員	30名	40名			30名	20名

School Data

Address 〒113-0022 東京都文京区千駄木5-6-25
Access 地下鉄南北線「本駒込駅」徒歩5分、地下鉄千代田線「千駄木駅」・都営三田線「白山駅」徒歩7分
TEL 03-3828-4141
FAX 03-3822-6833
URL http://www.komagome.ed.jp/

２名のネイティブ専任教員から
世界で通用する英語を学び
世界レベルでの自己実現を目指す

多摩大学目黒の英語教育の大きな目標の一つは
世界中で必要とされる日本人を育てることです。
英会話を指導する２名のネイティブ専任教員は
それぞれイギリス出身とアメリカ出身。
微妙に異なる表現やアクセントも経験することで
世界中に通用する英語を習得します。
さらに６年間で最大５ヶ国を訪問することにより、
世界規模で物事を考えることのできる広い視野と
世界を相手にしっかり「交渉」できる
コミュニケーション力を磨きます。
これらの経験と能力は 10 年後、20 年後に
社会人として国内でも海外でも常に必要とされる
人物であり続けるための確固たる土台となります。

写真上：フィリップ・チャンドラー教諭（イギリス出身）
写真下：デイヴィッド・ワイウディ教諭（アメリカ出身）

目黒キャンパスに新校舎完成！

より快適な学びの環境と設備が整った新校舎が目黒キャンパスに完成しました。電子黒板等最新のICT教材が導入された教室やカフェテリアが、文武両道の学校生活をサポートします。

●中学受験生・保護者対象学校説明会　予約不要

- 10/ 6 (木)　10:00〜 授業見学あり
- 11/ 9 (水)　10:00〜 授業見学あり
- 12/ 3 (土)　10:00〜 授業見学あり
- 1/13 (金)　19:00〜
- 1/14 (土)　10:00〜 授業見学あり

※お車でのご来校はご遠慮ください。

●英会話体験・クラブ体験　要予約

英語体験授業：Let' s enjoy English! ／クラブ体験：来たれ我が部！
（保護者の方は参観及び在校生による説明会）

11/19 (土)　10:00〜12:00　会場：あざみ野セミナーハウス
※前々日までに電話にてご予約ください。

●颯戻祭（文化祭）※受験生はチケット不要

9/17 (土)・18 (日)　10:00〜15:00
※お車でのご来校はご遠慮ください。

●2017 年度生徒募集要項

試験区分	進学 第1回	進学 第2回	特待・特進 第1回	特待・特進 第2回	特待・特進 第3回	特待・特進 第4回	特待・特進 第5回
募集人員	74名		特待20名 特進20名				
出願期間	1月20日（金）より各試験前日まで、9:00〜15:00						
試験日	2/1（水） 8:30集合	2/2（木） 8:30集合	2/1（水） 14:30集合	2/2（木） 14:30集合	2/3（金） 14:30集合	2/4（土） 10:00集合	2/6（月） 10:00集合
試験科目	2科または4科 （出願時に選択）		4科		2科		
合格発表 （ホームページ）	各試験当日 14:00〜16:00		各試験当日 21:00〜21:30			各試験当日 14:00〜16:00	
合格発表 （校内掲示）	各試験当日 14:00〜16:00		各試験翌日 12:00〜13:30			各試験当日 14:00〜16:00	

明日の自分が、今日より成長するために…

多摩大学目黒中学校

TAMA University MEGURO Junior High School

〒153-0064 東京都目黒区下目黒 4-10-24　TEL. 03-3714-2661
JR 山手線・東急目黒線・都営地下鉄三田線・東京メトロ南北線「目黒駅」西口より徒歩 12 分
東急東横線・東京メトロ日比谷線「中目黒駅」よりスクールバス運行

多摩大学目黒　検索　http://www.tmh.ac.jp　携帯サイト：http://www.tmh.ac.jp/mobile

世界が認めた工学院教育

グローバル社会で活躍するために！
21世紀型教育を実現する3つのクラス

ハイブリッドインターナショナルクラス
（英語・数学・理科を英語イマージョン教育）

ハイブリッド特進クラス
（文理融合型リベラルアーツ）

ハイブリッド特進理数クラス
（実験・ICT教育を強化）

世界から必要とされる若者になるための教育を行います。

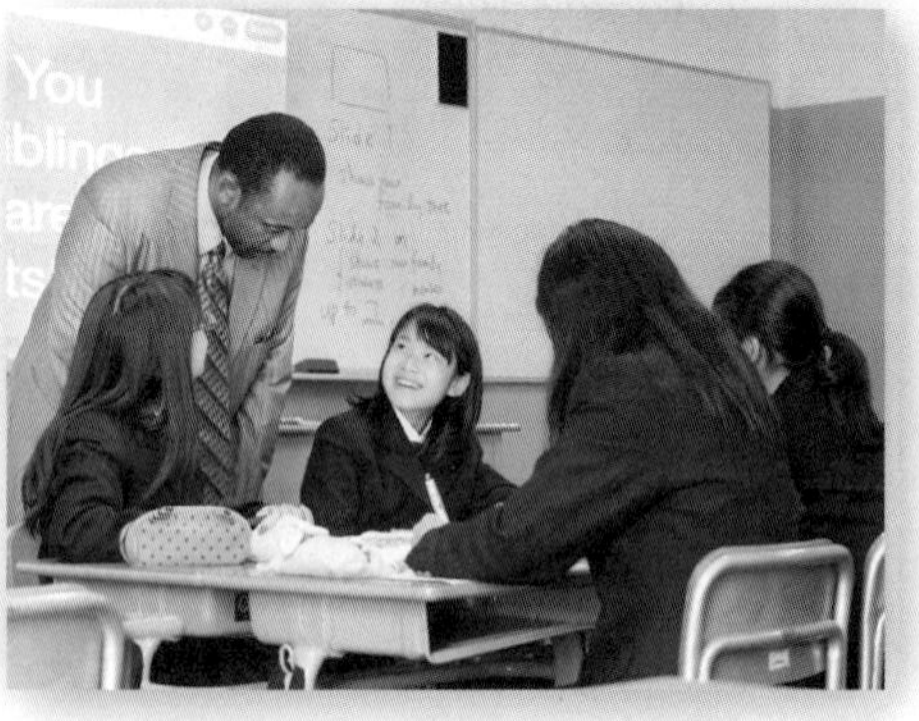

グローバル教育
（英語イマージョン）

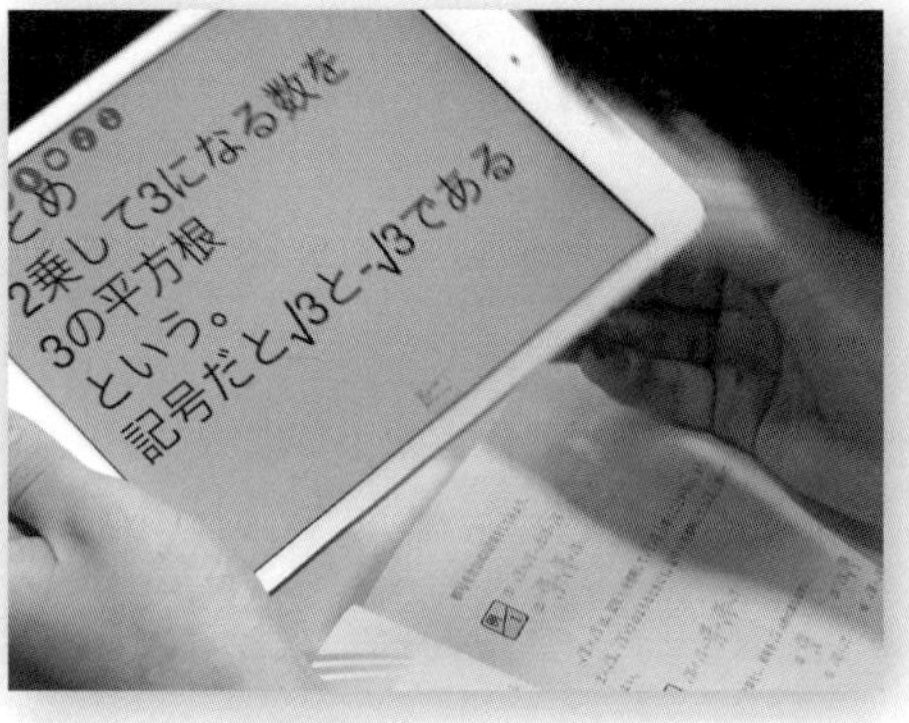

ICTの活用
（iPadと電子黒板を連動した授業）

アクティブラーニング
（PIL・PBL）

ハイブリッドクラス授業見学会（要予約）

10月12日（水）　10:00～（説明会10:00～、授業見学10:55～）

学校説明会（要予約）

第2回　9月10日（土）10:00～（思考力セミナー・体験学習10:00～）
第3回 11月　5日（土）10:00～（思考力セミナー10:00～、体験学習13:00～）
第4回 11月27日（日）10:00～（入試本番模擬体験10:00～）
第5回　1月14日（土）14:00～（直前対策講座・思考力セミナー14:00～）

夢工祭（文化祭）

9月24日（土）・25日（日）10:00～15:00（進学相談コーナーあり、予約不要）

■学校見学は随時受け付けています。詳細はHPをご覧ください。

入試本番模擬体験

11月27日（日）
10:00～12:00
〔小学6年生対象〕

予約受付中

入試本番の類似体験ができ、解説授業もあります。

●2科（国語・算数）
●思考力テスト
●英語
いずれか1つを選択してください。

工学院大学附属中学校
JUNIOR HIGH SCHOOL OF KOGAKUIN UNIVERSITY
〒192-8622　東京都八王子市中野町2647-2
TEL 042-628-4914
FAX 042-623-1376
http://www.js.kogakuin.ac.jp/junior/

時代が求める人材を世に送る

■国際学級入試説明会（海外帰国生徒父母対象／予約不要）
9月 3日（土）10:20～12:00

■入試説明会（一般・特別選抜入試受験者対象／予約不要）
10月15日（土）10:20～12:00　小学6年生対象
12月 3日（土）10:20～12:00　小学6年生対象
1月14日（土）10:20～12:00　小学6年生対象

■学校説明会（一般・特別選抜入試受験者対象／予約不要）
10月15日（土）14:00～15:30　小学5年生以下対象

■土曜説明会（インターネットによる事前予約が必要です）
9月10日・10月29日・11月26日・2月25日
いずれも11:00～13:00

■オープンスクール（インターネットによる事前予約が必要です）
小学4年生以上対象、選択により学年指定あり
11月12日（土）13:30～ 理科実験教室 または クラブ体験
14:45～ 理科実験教室 または クラブ体験

■公開行事
学園祭（輝玉祭）9月18日（日）・19日（祝）
入試相談コーナーあり

攻玉社中学校

〒141-0031 東京都品川区西五反田5-14-2　TEL.03-3493-0331(代)

http://www.kogyokusha.ed.jp/　攻玉社 検索

東急目黒線不動前駅より徒歩2分

教えて中学受験Q&A

6年生

Question

入試における隔年現象ってどういうものですか？

中学受験では「隔年現象」というものが起こると聞きました。なんとなく理解はできるのですが、実際に出願する側としては、この現象をどのようにとらえていったらいいのでしょうか。具体的な対策を含めて教えてください。

（葛飾区・S．T．）

Answer

志願者数の増減が翌年の志願者数に影響する現象のことです。

隔年現象とは、ある年の入試で志願者数が急増した場合、翌年の入試では敬遠する人が増え、その数が減少することを指します。その逆で、前年の志願者数が少ないと、翌年の志願者数が増加する場合もあります。隔年現象は常に見られるわけでもないですが、志願者数が反映される倍率に敏感になる人が多く、前年の状況が影響することが多いようです。

志願者数増減に対応するためには、各校の状況を詳しく調べ、その理由を探ることです。応募倍率の上昇原因は様々で、例えば大学合格率が向上したといった場合には、前年の高い志願状況がそのまま継続することもありえますし、敬遠する人が増えるということは、逆に考えれば前年より受験しやすい状況が生まれるかもしれません。また、その学校が第１志望校か併願校なのかも重要です。第１志望校ならば倍率の増減にとらわれずに出願、併願校の場合はより合格しやすい学校を選択するため、志願者数が少ないところを選ぶという方法もあるわけです。

疑問がスッキリ!

2~5年生

Question

**小学校低学年の子どもの
家庭学習で気をつけることは?**

現在、小学校2年生になる長男がいます。親がふたりとも私立中高一貫校で学んだこともあり、中高一貫教育を受けさせたいと思っています。近い将来、塾にも通う予定ですが、現段階で中学受験を前提にした家庭での学習は、どんなことに注意したらいいのでしょうか。

(渋谷区・H. O.)

Answer

**勉強するうえで必要な基本的な力と
集中して勉強する姿勢を育みましょう。**

通塾前に大切なのは、基礎学力をつけることと、学習習慣を体得することだと思います。塾に通うようになれば、受験に必要な学力や知識は効果的に指導してもらえます。その時、学習効果を十分発揮するためにも、基本的な計算力、文章を読み取る力、正しく文字を書く力など、基礎的な力をきちんとマスターしておきましょう。

また、短時間でいいのでコンスタントに勉強することを低学年のうちに習慣づける努力もしてください。多くの方が効果的であったとしているのが、ストップウォッチなどで時間をはかりながら勉強することです。10分、15分でもいいのでお子さんが自ら時間を設定して、集中して勉強する習慣を身につけられるようサポートしてください。「今日の宿題はやったの?」という形でお子さんに声かけをすることが多いと思いますが、宿題という義務的な学習ではなく、自分の勉強をするなかで当然宿題もこなすという形で取り組めるようリードしてあげましょう。

■2016年「MOVE ON プロジェクト」始動➡十文字はさらに前進します!!

21世紀のグローバル社会でもしなやかに逞(たくま)しく生きていけるように、正解のない課題に対しても論理的に前向きに考えて解決できる力を育てます。価値観の異なる意見も認めてともに協力しあい、どんな困難に直面しても決してあきらめない、オープンマインドを育てます。

MOVE ON プロジェクト①	MOVE ON プロジェクト②	MOVE ON プロジェクト③
中学では、スーパー選抜クラスで成果を上げてきたプログラムを全クラスに採り入れます。 中３から希望進路に応じたクラス分けを行います。	生徒の内発的動機付けを重視したアクティブラーニングをグレードアップ、さらにＩＣＴ教育の一環として全教室に電子黒板を設置し、デジタル教材を活用して生徒の能動的な学びをサポートしていきます。	理系進学者の増加に応えて実験室前フロアーをサイエンス・パークに改装し、ますます理科に興味を抱いてもらい、知的好奇心旺盛なリケジョを育てていきます。

■2017年度中学入試 ➡「多元型入試」をさらに進化させます!!

多様な才能と可能性を秘めた受験生によりチャンスを広げるために、来年度も中学入試において「多元型入試」を行い、新たに「得意型特待入試」を導入します。グローバル社会における多様性に鑑み、異文化を体験した帰国生や英語が好きな受験生や考えたり表現したりすることに興味のある受験生など様々な可能性を秘めた受験生に門戸を広げていますのでぜひ果敢にチャレンジしてください。

◆入試説明会 予約不要

9/10(土)10:00〜11:45
10/ 1(土)14:00〜15:45
10/22(土)14:00〜15:45
11/10(木)10:00〜11:45

◆イブニング説明会 要予約

10/14(金)18:45〜19:45
11/18(金)18:45〜19:45

◆入試体験会 要予約

11/20(日)10:00〜12:00
12/18(日)10:00〜12:00

◆十文字祭(文化祭)

9/17(土)・18(日)
※両日とも「入試なんでも相談」あり

◆個別相談会

12/23(金・祝)10:00〜16:00
1/ 7(土)10:00〜16:00

十文字中学・高等学校

〒170-0004　東京都豊島区大塚1-10-33　Tel. 03(3918)0511
http://js.jumonji-u.ac.jp/

http://www.senzoku-gakuen.ed.jp

Challenging Field

SENZOKUGAKUEN 2017

模擬国連やチャリティーコンサート、各種のコンペティションやシンポジウム、次世代リーダー養成塾、サイエンス・サマー・キャンプ等々、洗足には今や100を優に超える学びと自分発揮の機会が設けられています。そのほとんどは生徒からのプレゼンテーションによって導入され、その数はさらに増え続けています。

SENZOKU−ここは挑戦する舞台。未来に向かって、自分の可能性にチャレンジする広場です。

Information2017

一般対象学校説明会	9/29(木)	9:45〜12:15	授業見学可
	11/26(土)	10:00〜12:30	体験授業実施
帰国生対象学校説明会	11/ 1 (火)	9:45〜12:15	授業見学可
洗足祭	9/17(土)・18(日)	9:00〜15:30	※入試相談コーナー開設

Night説明会	10/28(金)	19:00〜20:30	※9月以降予約開始
入試問題説明会	12/17(土)	●午前の部 8:30〜12:15 ●午後の部 13:00〜16:45	※11月以降予約開始
オープンキャンパス	10/ 8 (土)	8:30〜12:30	※8月以降予約開始

学校見学個別相談 2016年5月中旬〜2017年1月末までの間（日曜・祭日及び8月10日〜20日を除く）
平日10:00〜17:00　土曜日10:00〜16:00
※ご希望の方は事前に下記までご連絡ください。

洗足学園中学校　〒213-8580 神奈川県川崎市高津区久本2-3-1　Tel.044-856-2777

多彩な宿泊行事が育む「真の人間性」

順天《じゅんてん》中学校

長い歴史のなかで、多種多様な人材を輩出してきた順天中学校。勉学面だけではなく、人間教育にも力を入れてきた順天の「生き方を大切にして、真の人間性を育む」を具体的な宿泊行事でご紹介します。

「英知をもって国際社会で活躍できる人間を育成する」。

創立から180年を超える歴史を積み重ねてきた順天中学校（以下、順天）の教育理念です。志望の大学合格だけをゴールとは考えず、その先にある社会に出てから活躍できる人材を育成するための教育を行っています。

数々の特徴的な教育プログラムを実施している順天ですが、なかでも同級生と寄宿舎で共同生活をする「スクールステイ」はあまり他に類を見ないプログラムと言っていいでしょう。スクールステイの滞在期間は学年によって異なりますが、中学生となり、生活や学習のリズムが大きく変わる中1を特に重要と考え、この学年は入学から間もない5月から11月の間に約20泊実施されます。スクールステイをとおして、生徒たちは集団生活での規律や自学自習のベースなどを確立していきます。

これと並行して、各学年で実施される宿泊行事も順天のオリジナルプログラムです。

サマースクール・中1

中1の夏にあるサマースクールは、

2泊3日で富士山周辺に宿泊します。初日は富士山の5合目から宝永《ほうえい》火口を目指します。2日目は樹海や洞窟の探検です。最終日は近くの川の生物や陣馬《じんば》の滝の観察を行います。

富士山については事前に調べ学習を行ったうえで、現地での観察と合わせて2日目の夜にグループごとにレポートを作成し、3日目の昼に発表します。

火口、樹海、洞窟、滝など、普段なかなか訪れる機会がなかったり、観光では入れないような場所が多いですが、ホールアース自然学校という専門の団体のバックアップのもと、細心の注意を払いつつ、ここでしか経験できない自然の雄大さ、不思議さについて学ぶことができます。

ウィンタースクール・中2

中2の冬にあるウィンタースクールは、福島県のブリティッシュヒルズを利用して行われます。今でこそブリティッシュヒルズを使う学校は珍しくなくなりましたが、順天はその先駆けともいえる時期から当地をこの宿泊行事の場所にして、国際社会で活躍できる人間を育てるという教育理念に基づいた、英語漬けのプログラムを実施してきました。

日程は1月初頭の2泊3日。様々なプログラムが用意されており、全て英語でのやり取りとなります。

クロスカントリースキーなどのアクティビティーもあり、その際のスキー靴のレンタルなども英語で行うため、生徒たちにとっては何もかもが新鮮な2泊3日となることでしょう。

沖縄修学旅行・中3

スクールステイやサマースクール、ウィンタースクールの集大成となるのが、中3の7月にある修学旅行です。

初日は到着後に、沖縄の私立学校・沖縄尚学中学校を訪れ、生徒同士の交流会を行います。2時間ほどではありますが、他地域の生徒と交流するとても貴重な機会となります。

2日目はひめゆりの塔・ひめゆり平和祈念資料館を訪問し、戦時中に実際に学徒隊だった方や語り部の方から体験談を伺います。午後には海でマリンスポーツ体験や磯の生物観察を行います。

3日目は午前中に沖縄美《ちゅ》ら海《うみ》水族館に行ったあと、午後から「民泊」するのが特徴的です。民泊とは、その地の一般家庭に宿泊させてもらうもので、1家庭に平均4人1組のグループで割り当てられます。この日の午後から翌日の朝までの行動は、民泊する各家庭ごとに違うため、みんなで過ごすほかの日とは異なる経験を積むことができます。

4日目には「アメリカンホームビジット」という、こちらも順天らしいプログラムが用意されています。沖縄に住んでいる米軍の方々の家庭に4人1組で伺い、各家庭ごとに思い思いの時間を過ごします。もちろん英語でのコミュニケーションが基本です。

このアメリカンホームビジットでの組分けには工夫がされており、英語の力が同じような生徒同士がグループになります。ほかの生徒よりも英語ができる生徒がグループのなかにいると、その人だけに頼ってしまうため、なるべく同じような英語力の生徒同士をグループにします。

また、中3全員がエイサーと三線と琉球舞踊の3つの沖縄伝統芸能のうちひとつを必ず習い、修学旅行後も練習を重ねて、11月にある学習発表会でそれぞれ発表を行うのも伝統です。

こうした3つの宿泊行事は、歴史学習や自然学習、アクティビティー体験、さらに国内にいながらにして英語学習もできる非常に有意義なプログラムです。それだけではなく、集団生活のなかで協調性、人間性、倫理観、道徳心なども身につけられることも大切なポイントです。学校や家庭で普段言われていることでも、実際にクラスメイトと寝食をともにしなければ気づかないことも多くあります。そうしたことも身をもって学ぶことができるのです。

２０１６年度（平成28年度）入試では卒業生２５２人中、94%が現役で東京大をはじめとした4年制大学に合格するなど、大学合格実績の伸びはめざましいものがあります。その一方で、学力面だけではなく、ここまでご紹介してきたように、スクールステイや宿泊行事などをとおして、「生き方を大切にして、真の人間性」を育むことができるのが順天中学校です。

School Info.

順天中学校【共学校】

●Address
東京都北区王子本町1-17-13

●TEL
03-3908-2966

●Access
JR京浜東北線・地下鉄南北線「王子駅」・都電荒川線「王子駅前駅」徒歩3分

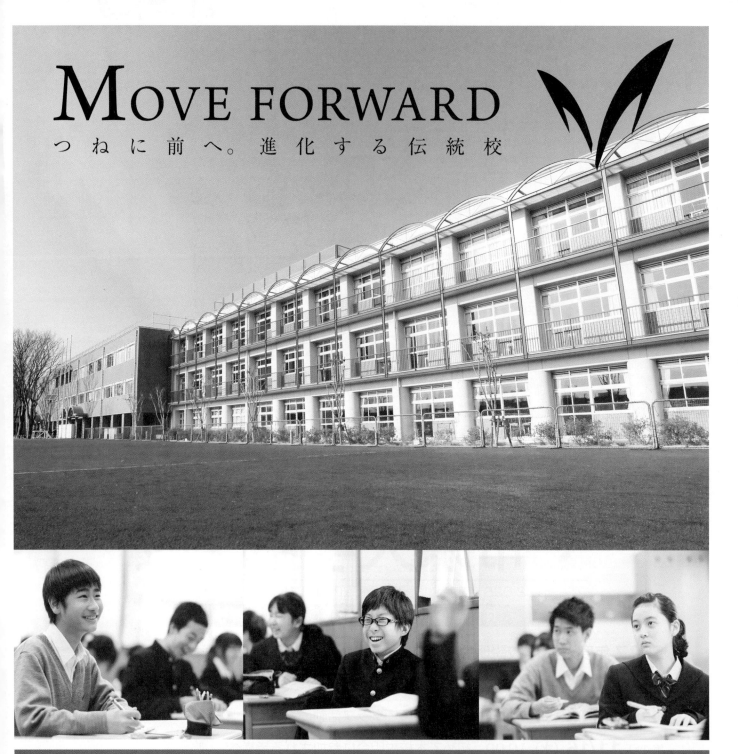

田園調布学園中等部・高等部

グローバル社会に必須の力「21世紀型スキル」

グローバル社会に貢献する人格の“根っこ”を育て、豊かな人生を創る力を磨く、田園調布学園の「21世紀型スキル」。思考力・表現力という2つの能力と、主体性・社会性の2つの態度を融合させ未来へつなぐこのスキルを、協同探求型授業、土曜プログラム、学習体験旅行などのあらゆる教育活動を通して培います。出会う対象に関心を向けて、課題を発見・考察し、独創性を持って発信する術を習得した生徒たちは、どのライフステージに立っても課題解決能力を発揮し、社会を活気づけていくことでしょう。

http://www.chofu.ed.jp

〒158-8512 東京都世田谷区東玉川2-21-8 Tel.03-3727-6121 Fax.03-3727-2984
＊東急東横線・目黒線「田園調布」駅下車 〉〉 徒歩8分 ＊東急池上線「雪が谷大塚」駅下車 〉〉 徒歩10分

学校説明会【予約制】

10月20日(木) 10:00～11:30
10月26日(水) 19:30～21:00
11月 5 日(土) 13:00～14:30

入試直前学校説明会【6年生対象 予約制】

12月 3 日(土) 10:00～11:30 ＊入試体験
12月 9 日(金) 19:30～21:00 ＊入試体験
1 月11日(水) 19:30～21:00 ＊入試体験

公開行事

なでしこ祭 9 月24日(土) 9:30～16:30
9 月25日(日) 9:00～15:45
体 育 祭 10月 8 日(土) 9:00～15:30
定期音楽会 1 月26日(木) 12:30～16:00

土曜プログラム見学会【予約制】

9月17日・10月15日・10月29日・11月19日
10:15～11:15
＊各回、定員に達しましたら、受付を終了いたします。

オープンスクール

10月20日(木)・11月 5 日(土)

中等部入試

	第1回	第2回	第3回	海外帰国子女
試験日	2月1日	2月2日	2月4日	12月17日
募集定員	100名	70名	30名	若干名
試験科目	4 科・面接			2 科 (国・算)または(英・算) 面接

＊予定は変更となることもありますので詳細はＨＰにてご確認下さい。

藤《とう》嶺《れい》学《がく》園《えん》藤《ふじ》沢《さわ》中学校

●神奈川県藤沢市西富1-7-1
●JR東海道本線・小田急線・江ノ島電鉄線「藤沢駅」、小田急線「藤沢本町駅」徒歩15分
●TEL：0466-23-3150
●http://www.tohrei-fujisawa.ed.jp/

問題

豆電球と乾電池をリード線でつなぐと豆電球が光りました。図1はその回路図です。また，つぎの①～⑧は豆電球と乾電池の数やつなぎ方を変えて作った回路の回路図です。ただし，乾電池と豆電球はすべて同じ新品だとします。また，豆電球が2つある回路では豆電球は同じ明るさで光ったとします。あとの問いに答えなさい。

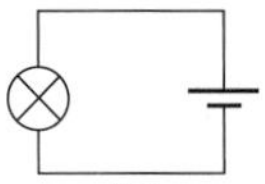

図1

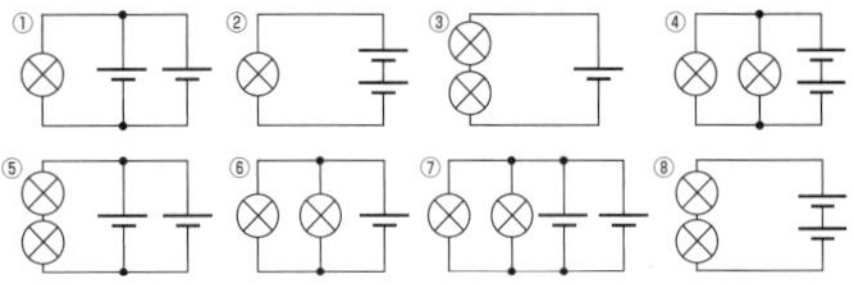

(1) ①～⑧のうち豆電球が図1の豆電球とほぼ同じ明るさで光るものがいくつかあります。その回路の数はいくつですか。つぎのア～エから選び，記号で答えなさい。
　ア　1つ　　イ　2つ　　ウ　3つ　　エ　4つ

(2) ①～⑧のうち豆電球が図1の豆電球より暗く光るものがいくつかあります。その回路の数はいくつですか。つぎのア～エから選び，記号で答えなさい。
　ア　1つ　　イ　2つ　　ウ　3つ　　エ　4つ

(3) ①～⑧のうち豆電球が図1の豆電球より明るく光るものがいくつかあります。その回路の数はいくつですか。つぎのア～エから選び，記号で答えなさい。
　ア　1つ　　イ　2つ　　ウ　3つ　　エ　4つ

(4) ①～⑧のうち豆電球が直列につながっている回路がいくつかあります。その組み合わせとして正しいものを，つぎのア～エから選び，記号で答えなさい。
　ア　②④⑧　　イ　③⑤⑧
　ウ　④⑥⑦　　エ　①⑤⑦

(5) ①～⑧のうち乾電池が並列につながっている回路がいくつかあります。その組み合わせとして正しいものを，つぎのア～エから選び，記号で答えなさい。
　ア　②④⑧　　イ　③⑤⑧
　ウ　④⑥⑦　　エ　①⑤⑦

（一部省略）

解答　(1) エ　(2) イ　(3) イ　(4) イ　(5) エ

学校説明会
9月20日（火）10:30
10月1日（土）10:30
10月20日（木）10:30

体育祭
10月29日（土）9:00～15:00

入試説明会
11月2日（水）10:30
11月26日（土）10:30

入試問題対策説明会
12月10日（土）10:30

入試直前説明会
1月9日（月祝）10:30

目《め》黒《ぐろ》星《せい》美《び》学《がく》園《えん》中学校

●東京都世田谷区大蔵2-8-1
●小田急線「成城学園前駅」バス10分、小田急線「祖師ヶ谷大蔵駅」徒歩15分、東急田園都市線「二子玉川駅」スクールバス
●TEL：03-3416-1150
●http://www.meguroseibi.ed.jp/

問題

一辺4cmの正方形の折り紙を図のように -------- を折り目として半分に折って，はさみで切りました。切り取ったあと，折り紙を広げたときの面積を求めなさい。

ただし，円周率は3.14で計算すること。

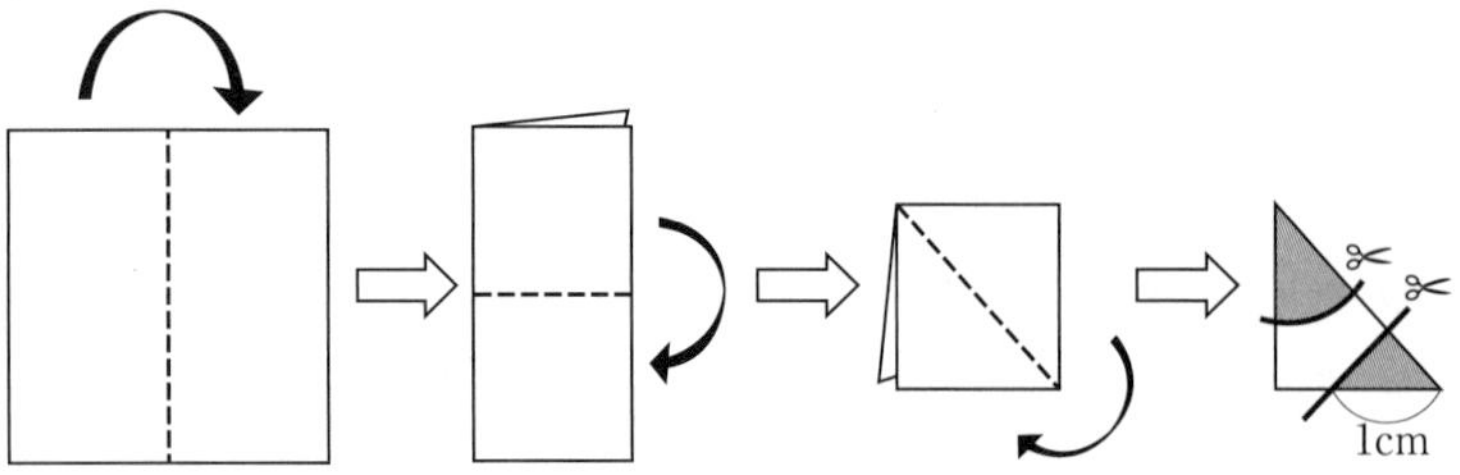

頂点を中心に，中心角45度半径1cmのおうぎ形と斜辺《しゃへん》1cmの直角二等辺三角形で切り取り，捨てる。

解答　10.86㎠

純花祭（学園祭）
9月18日（日）9:00～16:00
9月19日（月祝）9:00～15:30

学校説明会
9月25日（日）10:00～11:30※
10月16日（日）10:00～11:30
1月22日（日）10:00～11:30
※体験授業実施（要予約）

学校見学会
10月4日（火）10:00～11:10

入試説明会
11月20日（日）10:00～11:30

入試体験　要予約
12月11日（日）9:30～11:30

私立中学の入試問題にチャレンジ

共《きょう》栄《えい》学《がく》園《えん》中学校

●東京都葛飾区 お花茶屋2-6-1
●京成本線「お花茶屋駅」徒歩3分
●TEL：03-3601-7136
●http://www.kyoei-g.ed.jp/

問題

那覇空港の航空貨物取扱量《とりあつかいりょう》は，2009年に全日空《ぜんにっくう》（ANA）が参入《さんにゅう》してからは，以前の150倍以上になりました。2010年には成田空港・関西国際《かんさいこくさい》空港に次いで全国3位の取扱量になったそうです。現在は羽田空港に抜《ぬ》かれて4位となりましたが，その重要性に変わりはありません。2012年，全日空は宅配会社のヤマト運輸と提携して本格的な国際物流を始め，さらに空港に隣接する場所に電機メーカーの東芝が大規模な電子部品センターを開設するなど，設備の拡大を進めました。2013年秋からは香港《ほんこん》（ホンコン）向けのクール宅急便《たっきゅうびん》にも乗り出し，その後台湾・シンガポール・ベトナム・インドネシア・インド・中国などへの輸送も始め　※ハブ空港としての役割を本格的にスタートしました。貨物の輸送量が今後も増えることが予想されるため，現在は1本しかない滑走路《かっそうろ》を2019年には2本に増やす予定だそうです。（ハブ空港のハブの意味はこの後の問にあります）

(1) 文中の下線部について，全日空（ANA）は，なぜ那覇空港を国際航空貨物ハブ空港としたのでしょうか，下の地図を参考に答えなさい

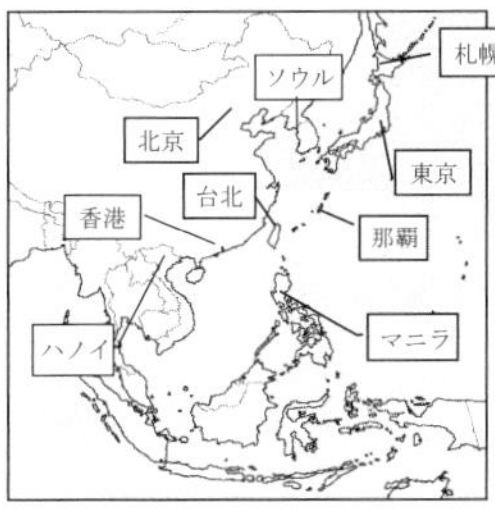

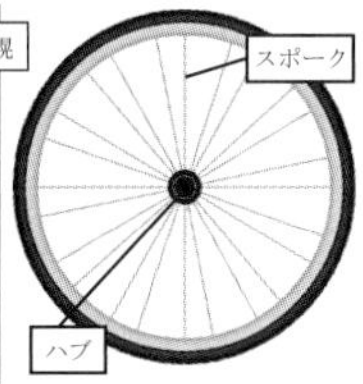

ハブ空港とは自転車の車輪の中心部のハブとスポークの形に似ていることからこのようによばれています

(2) 那覇空港では，国際航空貨物の飛行機から飛行機への積み替えは深夜から早朝にかけておこなわれます。なぜこの時間なのですか，理由を考えなさい。

解答例　(1) 那覇は，中国や東南アジアと東京などの中間にあり，日本各地や外国の品物を一度集約し，再度出荷するのに時間的に便利だから。　(2) 旅客機の発着が無く，空港を自由に使え，深夜に到着した荷物を翌日の朝には目的地に到着させられるから。

学校説明会
9月25日（日）9:30

ナイト説明会
10月28日（金）18:30

模擬入試体験会
11月20日（日）9:30
12月18日（日）9:30

秋の学校見学会
10月22日（土）～12月18日（日）
上記期間中の毎土曜・日曜・祝日
受付時間
10:00/11:00/13:00/14:00

ジョイフルコンサート
12月23日（金祝）13:30
千葉県松戸市・森のホール21

湘《しょう》南《なん》学《がく》園《えん》中学校

●神奈川県藤沢市 鵠沼松が岡3-4-27
●小田急線「鵠沼海岸駅」 徒歩8分
●TEL：0466-23-6611
●http://www.shogak.ac.jp/highschool/

問題

A君がさいころを振《ふ》り、出た目の数で次のように移動します。
・偶数の目が出たら、その目と同じ歩数だけ前進する
・奇数の目が出たら、その目と同じ歩数だけ後進する

次の各問いに答えなさい。

(1) 5回さいころを振ったところ、下の表のような目の出方となりました。このとき、A君ははじめの位置より何歩前にいますか。または後ろにいますか。

回	1	2	3	4	5
さいころの目	3	6	1	3	2

(2) 3回さいころを振ったところ、はじめの位置から2歩前にいました。さいころの目の出方は何通り考えられますか。

(3) 3回さいころを振ったところ、はじめの位置にいました。さいころの目の出方は何通り考えられますか。

解答　(1) はじめの位置より1歩前　(2) 9通り　(3) 18通り

学校説明会&ミニオープンキャンパス 要予約
9月17日（土）9:30～12:20

学園祭
10月1日（土）9:30～15:50
10月2日（日）9:30～15:50
図書室にて個別相談会実施
（10:00～15:30）

学校説明会 要予約
「中学1年生が語る
～湘南学園の学び～」
10月22日（土）9:30～12:00

入試説明会 要予約
11月16日（水）9:30～12:00
12月24日（土）9:00～12:20※
※6年生対象

公開授業
11月25日（金）10:00～12:00

―中学受験のお子様を持つ親のために―

わが子が伸びる親の『技《スキル》』研究会のご案内

平成28年度後期講座予定

主催：森上教育研究所　協力：「合格アプローチ」他
（ホームページアドレス）http://oya-skill.com/

第1回 9 金 9　国　語
田代　敬貴
(国語指導&執筆)

テーマ 小４までに育てたい国語脳【小３～小５対象】

内　容 ５年生から本格的な受験勉強を始めさせるために、親は我が子にどのようなしつけをし、どのような頭のつかい方を教えておく必要があるのか。将来、入試で要求される「読む力」・「書く力」を見据えた、わが子を中学受験に向かわせる親の基礎講座です。

申込〆切9/7(水)

第2回 9 木 15　算　数
望月　俊昭
(算数指導&執筆)

テーマ 図が描《か》けない難関中学受験生【全学年対象】

内　容 難関中学受験生の多くが図を描いて解く図形問題に四苦八苦します。受験間際になって「図をきれいに描く」と心を入れ替えても、<正しく図を描く>ことができなければ何の意味もありません。また、模範解答の図を見て納得するという受け身の取り組みでは、解けるのは経験済みの問題だけとなってしまいます。結局は、日ごろの図形問題に対する取り組みを根本的に変えるしかない、ということに行き着きます。

申込〆切9/13(火)

第3回 9 火 27　国　語
小泉　浩明
(学習コーチング)

テーマ 合格のための過去問活用法【小４～小６対象】

内　容 志望校合格のためには、過去問演習が必須です。その過去問演習の実施・分析・復習・弱点補強などのやり方をわかりやすく説明します。塾で実施する場合でも、お子さまのご家庭でのフォローに大いに役立つと思います。また、4、5年生の皆さんには、その時期までにすべきことがはっきりするので、今後の学習方針が明確になることでしょう。

申込〆切9/23(金)

第4回 10 木 13　コーチ
佐々木信昭
(佐々木ゼミナール主宰)

テーマ あと100日！からの過去問分野別演習－超効果的勉強法を一挙公開【小６対象】

内　容 入試問題には学校ごとに個性があり、志望校に合格するためには志望校の過去問を徹底的に解くことが必要です。入試まであと100日となった時点で焦ることがないよう、何を捨てていくのか、何年分やるのか、難問は捨てるのか、漢字の読み書きのピックアップ等々、ポイントを絞った効果的な勉強法をお伝えします。※前期の講座と一部内容が重複します。

申込〆切10/11(火)

第5回 10 木 20　麻　布
金　　廣志
(悠遊塾主宰)

テーマ 麻布入試攻略法【小６対象】

内　容 麻布入試に絞った究極の攻略法。受験生の答案例などを参考にして４科の解法を指導します。麻布必勝をねらう受験生と父母にとっては必見の講座です。

申込〆切10/18(火)

第6回 10 木 27　理　科
恒成　国雄
(Tサイエンス主宰)

テーマ 各学年がやるべき理科的内容への取り組みについて【小２～小５対象】

内　容 「理科は、もはや暗記科目ではありません！」中学理科入試問題の思考力重視化は毎年顕著になってきています。直前の丸暗記では間に合いません。どの時期にどのようなことをやるべきなのか？具体的な理科の入試問題から、それに対応できる力をつけさせるための学年ごとの理想的な過程を説明していきます。

申込〆切10/25(火)

第7回 11 木 10　算　数
竹内　洋人
(算数指導&執筆)

テーマ 合否を分ける「差がつく問題」の傾向と対策【小４～小６対象】

内　容 「難問」＝「差がつく問題」とは限りません。男女御三家・難関・最難関校を中心に過去の入試問題で合否を分けた問題から、その傾向と入試本番に役立つ対策について具体的にお話し致します。

申込〆切11/8(火)

◇時間：10：00～12：00
◇会場：森上教育研究所セミナールーム（JR・地下鉄市ヶ谷駅下車徒歩７分）
◇料金：各回3,000円（税込）※決済完了後の返金はできません。
◇申込方法：スキル研究会WEBサイト（http://oya-skill.com/）よりお申込下さい。
メール・FAXの場合は、①保護者氏名　②お子様の学年　③郵便番号　④住所
⑤電話／FAX番号／メールアドレス　⑥参加希望回　⑦WEB会員に登録済みか否か　を明記の上、
申込〆切日16時までにお送り下さい。折り返し予約確認書をメールかFAXでお送りします。
電話での申込はご遠慮下さい。尚、本研究会は塾の関係者の方のご参加をお断りしております。

お電話での申込みはご遠慮下さい

お問い合わせ　：森上教育研究所　メール：morigami@pp.iij4u.or.jp　FAX:03-3264-1275

私学自慢の
施設紹介
vol.7

神奈川県
川崎市
共学校

法政大学第二中学校 而《じ》生《せい》館 ―図書館―

而生館に込められた思い

今回取材をしたのは、それまでは中学と高校でわかれていた図書館が一つになって、今年4月に新しく完成した法政大学第二中学校の図書館「而生館《じせい》」。「而生館」という名前には、“春風があたたかく育てる”ように、生徒たちが成長する機会に遭遇できる場所にしたい、という思いが込められています。
高校・大学への進学を見据えた「10年一貫教育」を実践する法政大学第二中学校では、「調べ、討論し、発表する力」を育てる授業が展開されており、すでにいくつかの科目の授業がこの而生館で行われています。

安心し居心地良く学べる場所へ

単なる調べ学習の総合メディアセンターとしてだけではなく、「展示スペース」を設けて、クラブ活動の発表展示とそれに関する本の案内、研修旅行の資料を紹介するなど「生徒の活動がよく見える場所」となっています。“生徒が安心し居心地良く学べる場所”を目指し、今後もさまざまなことをこの而生館で行っていくそうです。

蔵書数 58,000冊
閲覧席 56席

プロジェクターや電子黒板も備える学習室

而生館には「櫻《さくら》」と「欅《けやき》」の2つの学習室があります。プレゼンテーションを行うような授業でも使われており、高校、大学、そしてその先を見すえた能力を養います。

◀ 2つの学習室は、試験前には自習室としても利用されています。

学校でつくる展示スペース

取材に訪れた際の展示スペースには、リオオリンピックや修学旅行に関する書籍が紹介され、合唱部の活動記録や、茶華道部の花などが展示されていました。今後は美術部や写真部といった部活動の作品の出展がより充実するそうです。

展示スペースにはベンチやソファーなどのコミュニケーションがとれる場所も設置。

図書館運営委員長 司書教諭の野村香織先生に聞きました！

Q 而生館ができて変わったところは？

A 工事中は、教室と図書館までの距離が遠く、利用者が少なかったのですが、明るくきれいな空間となり、食堂も隣にあるので、読書はもちろん、勉強空間としても利用しやすくなったからか、自習する生徒が特に多くなりました。
その他には、共学化したことで、男子生徒が借りてこなかった手芸や園芸などの書籍も閲覧されるようになり、その結果、コンテンツが増えたことも変化の一つです。

Q 今後、而生館で行う活動は何がありますか？

A 部活動に関連する展示のほか、体育祭や文化祭をテーマにした展示も考えています。図書委員が、中高合わせると60人ほどいるので、生徒たちの発想を大切にして、いろいろなことを行っていく予定です。

生徒さんたちの声

- 外観も変わって入りやすくなった。もし暗く、入りづらいままだったら、勉強しにくることはなかったと思う。（高2男子）
- 街の図書館のようで、窓も大きく明るいし、広くて形も工夫されていると思う。（高1女子）
- 教室から近くなり来やすい。また、検索機能が充実したので、本が探しやすくなった。（中2男子）

SCHOOL DATA

〒211-0031
神奈川県川崎市中原区木月大町6-1
TEL.044-711-4321
・ＪＲ南武線「武蔵小杉駅　西口」より 徒歩12分
・ＪＲ横須賀線「武蔵小杉駅　横須賀線口」より 徒歩15分
・東急東横線 他「武蔵小杉駅　南口」より徒歩10分

誰もが抱える悩みをパパッと解決！

福田貴一先生の 福が来るアドバイス

お子様の笑顔をイメージした「学校選び」を

早稲田アカデミー
城東ブロック統括責任者
福田　貴一

体育祭や文化祭などのイベントに加え、学校説明会も多く開催される秋は、〝学校選びのシーズン〟といわれます。この秋に、お子様とご一緒に参加を予定されている方も多くいらっしゃることでしょう。では、中学校で開催されるイベントには、いつごろから参加したら良いのでしょうか。また、参加するときのポイントは何でしょうか。今回は「学校選び」について考えてみたいと思います。

非受験学年の秋こそ「学校説明会」に

多くの中学校が、秋以降に学校説明会を開催するのには理由があります。それは秋口に、翌年1・2月に行われる入試の詳細が決定するからです。秋以降の説明会では、入試要項に加えて翌年の出題傾向についても説明されることがあるため、受験生の保護者の方も多く参加されます。しかし、多くの学校を比較検討するためには、非受験学年のうちから足を運んでおく必要があります。というのも、受験学年の秋には、受験校としてリストアップした学校の説明会に行くだけで予定は埋まってしまうはずです。またお子様も、志望校の過去問題演習を進めていかなければなりません。つまり、受験学年の秋になってから「学校選び」というわけにはいかないのです。

私は受験学年の春に行われる保護者会で「夏休み前までには志望校・受験校をある程度固めておいてください」とお話ししています。集中的に受験学習を進めていく夏休みになる前に、学習の方向性をイメージしておく必要があるからです。受験学年の夏までに受験校を固めるとすると、気になる学校については五年生の冬までにひと通り見ておきたいところです。

中学受験の学習をスタートさせる段階で、第一志望校はおおむね決まっているのではないでしょうか。しかし、いろいろな学校を見に行く場合には、第一志望校と比べながら検討することは、あまりお勧めしません。

第一志望校は、「理想の学校」です。その第一志望校と比較しながら他校の説明会や見学会に参加すると、どうしても見劣りがしてしまうものです。結果として、その学校の本当の良さが見えなくなってしまうことにもなりかねません。どの学校にも特徴があり、良い点は必ずあります。そこをしっかりと理解し、自分の子どもにとって「合う」のか「合わない」のかという視点でご覧いただければと思います。

「学校選び」の最大のポイントは

中学校を選ぶ際のポイントはたくさんあります。教育理念や校風、附属校か進学校か、男子校・女子校か共学校か…。通学距離・時間、クラブ活動や制服なども、「学校選び」の大切な要素でしょう。何を優先するかは、ご家庭のお考えやお子様のタイプによって違ってきます。

ただ、「学校選び」において一番大切にしていただきたいのは、「お子様のこれからの六年間」です。中学校・高校での六年間は、お子様の将来にとって、とても大切な時期であるのは言うまでもありません。私は、身体面・精神面において子どもが一番成長するのは、十二歳から十八歳までの六年間だと考えています。大学などの進路も大切ですが、その六年間をどのような環境で過ごすのか、どのような友人や先生と出会うのか。それこそが、その先の人生において非常に重要なことなのです。

　中学受験を迎える十二歳の段階では、精神的な成長に差があるのが普通です。そのため中学受験では、精神的な成長が早い子ども、「ませている」子どもの方が有利だといわれます。しかし、だからといって「うちの子は幼いタイプだから…」と、第一志望校をあきらめる必要はありません。「幼い」タイプのお子様は、ここから大きく成長していくわけですから、第一志望校が求めている方向へ、その成長を促せばよいのです。

　一般的に、精神的な成長は十五歳程度で一律になるといわれています。十二歳の段階で差があったとしても、その後の三年間で追いつくというわけです。その大きく成長する時期をどのような環境で過ごすのか、そういう視点を持った「学校選び」を進めていただきたいと思います。

中学受験をする理由は何か

　もちろん、学校に通うのはお子様ですから、お子様自身が納得する学校でなければなりません。しかし、「いろいろな学校に連れて行っているのですが、行きたいと言ってくれる学校がなくて」「自分で選びなさいと言っているのですが、はっきりしなくて」といったご相談をいただくことがあります。高校入試や大学入試とは違い、まだ経験や知識が少ない小学生が、自分の意志だけで学校を選ぶのは難しいでしょう。やはり保護者の皆様が、ある程度の方針を決めてあげる必要があります。どんな学校生活を送ってほしいのか、将来どんな大人になってほしいのか、まずはそこからお話しいただくのがよいと思います。そして、それらの視点で考えたときにリストアップされる学校を、お子様と一緒に見学していただければよいのです。つまり、「学校選び」の〝軸〟をしっかりとお子様に伝えたうえで、ご一緒に「学校選び」を進めていく、ということです。

　その過程では、保護者の皆様でも、〝軸〟がぶれてくることがあるでしょう。第一志望校を強く意識するあまり、他の学校に全く魅力を感じなくなったり、逆にいろいろな学校が魅力的に見えてきて選びきれなくなったり…。そういったときには、「なぜ中学受験を選択したのか」という原点に立ち返って考えていただくことをお勧めいたします。

　中学受験を選択するにいたった皆様の思いの原点は、「有名校に合格すること」でも「偏差値が高い学校に入学すること」でもなく、「お子様の将来の幸せ」でしょう。迷った時にはその原点に立ち返り、お子様が笑顔で毎日を過ごせる環境であり、将来、大きく羽ばたく力を養うことができる、そんな「学校」をお選びいただければと思います。

＼手軽で便利！／

粋《いき》でおしゃれな てぬぐいのススメ

TENUGUI

あざやかな色づかい、心が浮き立つ楽しい柄の数々。てぬぐいは、日本で昔から使われている手や体をぬぐうための布で、現在のタオルやハンカチにあたります。生活用品としてだけでなく、おしゃれのひとつとして、今も昔も豊富なデザインが生み出されています。また、工夫次第でさまざまな使い方ができるのも、面白さのひとつです。今回はてぬぐい専門店「かまわぬ」の秋葉 美保さんに、てぬぐいの魅力を教えていただきました。

株式会社かまわぬ
秋葉《あきば》 美保《みほ》さん

便利でおしゃれな生活必需品！

てぬぐいが一般的に使われるようになったのは、綿花の栽培が広まった江戸時代のことです。手や体をぬぐうタオルとしてはもちろんのこと、ほこりよけに頭にかぶったり、日差しよけに軒先《のきさき》に吊《つ》るしたり、着物の帯に挟んでエプロンのように使ったり…と、生活に欠かせないものとして普及しました。江戸時代末期から明治時代にかけて「注染《ちゅうせん》」という技法が生まれると、一度に20～30枚を染められるようになり、デザインも豊富になりました。

注染てぬぐいができるまで

注染とは、その名前のとおり染料を注いで染める方法です。材料は、晒《さらし》という漂白された木綿の生地で、1疋《びき》（＝1反《たん》〔12～13m〕の2倍、25mくらい）という長い状態のまま加工します。これを、てぬぐい1枚分ずつ、型紙をつかって染めない部分に糊《のり》を付けながら折り返し、そこにヤカンという道具を使って染料を注いで染めていきます。注染でつくられたてぬぐいには、裏面がありません。上下を返し、両方の面から染料を注いで染めるので、どちらも美しい表になるのです。その後、水洗いして糊と余分な染料を落とし、長いまま干します。乾いたらもう一度てぬぐい1枚分の長さで折り重ね、最後に両端を切って、完成です。

ヤカンで染料を注ぐ

干場

切りっぱなしにはワケがある！

てぬぐいは、両端が縫《ぬ》われておらず、切りっぱなしになっています。これは、縫っていない方が乾きが早く、汚れやほこりもたまらないので衛生的だからです。また、縫い目がないため、結んだり切ったりして使う場合もあつかいやすいのです。使いはじめは両端から糸が少しほつれますが、それもてぬぐいならではの味わいのひとつ。ほつれは何度か洗ううちに自然にとまりますので、長く出た糸だけをはさみで切って使ってください。

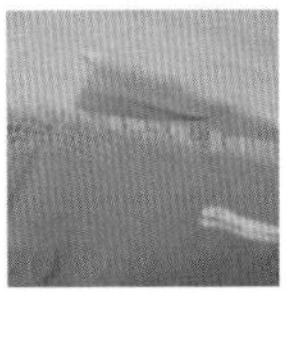

季節のてぬぐい

季節をテーマにしたデザインは、古くから人気があります。
自然の風物をえがいた伝統的なものだけでなく、ハロウィンのような新しい行事をあつかったものもあります。
1枚の絵のようにお部屋のインテリアとして季節を飾るもよし、カバンに入れて季節を持ち歩くもよし。
てぬぐいで、秋を楽しみましょう！

額装 葡萄（ぶどう）

秋色コスモス

富士に紅葉

秋刀魚（さんま）

目かづらかぼちゃ

さまざまな柄《がら》

判《はん》じ物《もの》

文字と絵が混ざった暗号のような柄。文字と絵の組み合わせには、ある意味が隠れています。

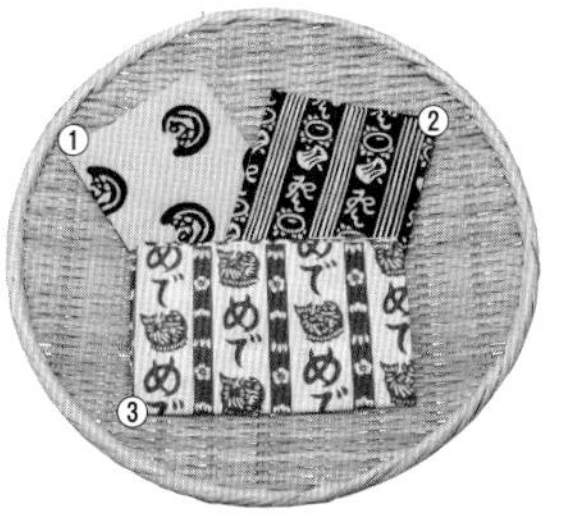

縁《えん》起《ぎ》物《もの》

「良いことがありますように」という願いを込めた柄。受験生のお守りとしてもおすすめ。

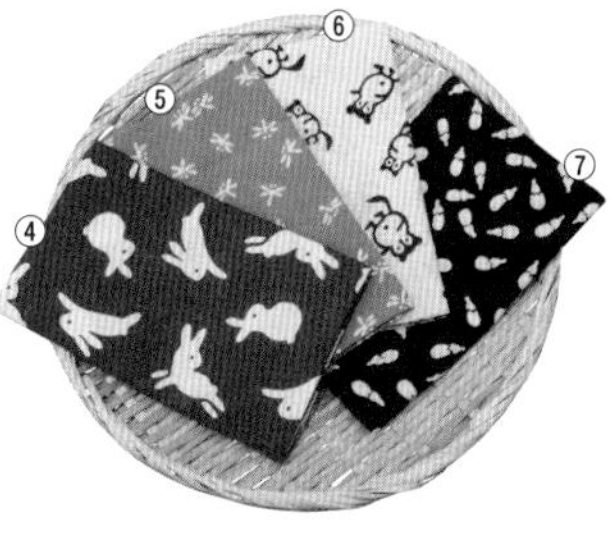

新作

てぬぐいのデザインには決まりがありません。現在でも、デザイナーさんによってさまざまな新作が生み出されています。

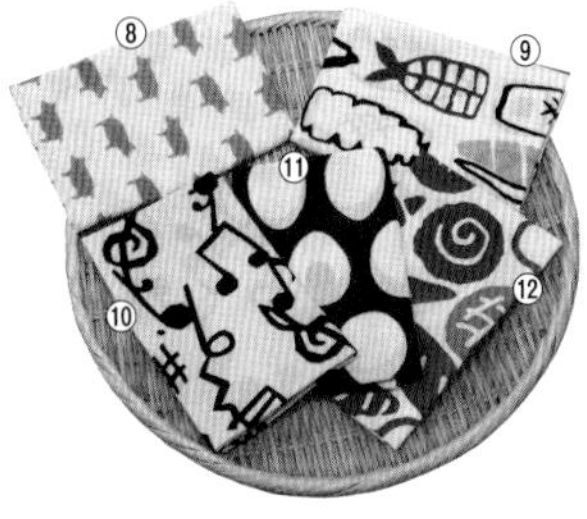

【判じ物】① 鎌（かま）の絵＋○＋「ぬ」…「かまわぬ」（水火も辞せず〔困難もいとわない〕）の意味 ② 斧（おの）（別名“よき”）の絵＋琴柱（ことじ）の絵＋菊の絵…「良き事聞く」の意味 ③「めで」＋鯛の絵…「めでたい」の意味
【縁起物】④ ウサギ…「飛躍」 ⑤ トンボ…前にしか進まないことから「不退転」 ⑥ タヌキ…「他を抜く」 ⑦ ナス…「物事を成す」
【新　作】⑧ ブタ ⑨ 寿司 ⑩ 音符 ⑪ たまご ⑫ パン

名入てぬぐい

伝統芸能の世界では、正月などのおめでたいときに、自分の名前を入れたてぬぐいを配る習慣があります。一般の人でも、お祝いや記念品として利用できます。
（写真提供：松永鉄九郎社中）

取材協力
かまわぬ　代官山 本店
〒150-0033 東京都渋谷区猿楽町23-1
TEL：03-3780-0182
営業時間：11:00～19:00 年末年始のみ定休
ホームページ：http://www.kamawanu.co.jp/

ペットボトルカバーをつくってみよう

冷たい飲み物の入ったペットボトルをそのままカバンに入れておくと、中が濡れてしまうことがあります。

てぬぐいでカバーをつくってみませんか？ ねじったり結んだりするだけで簡単にできますよ。

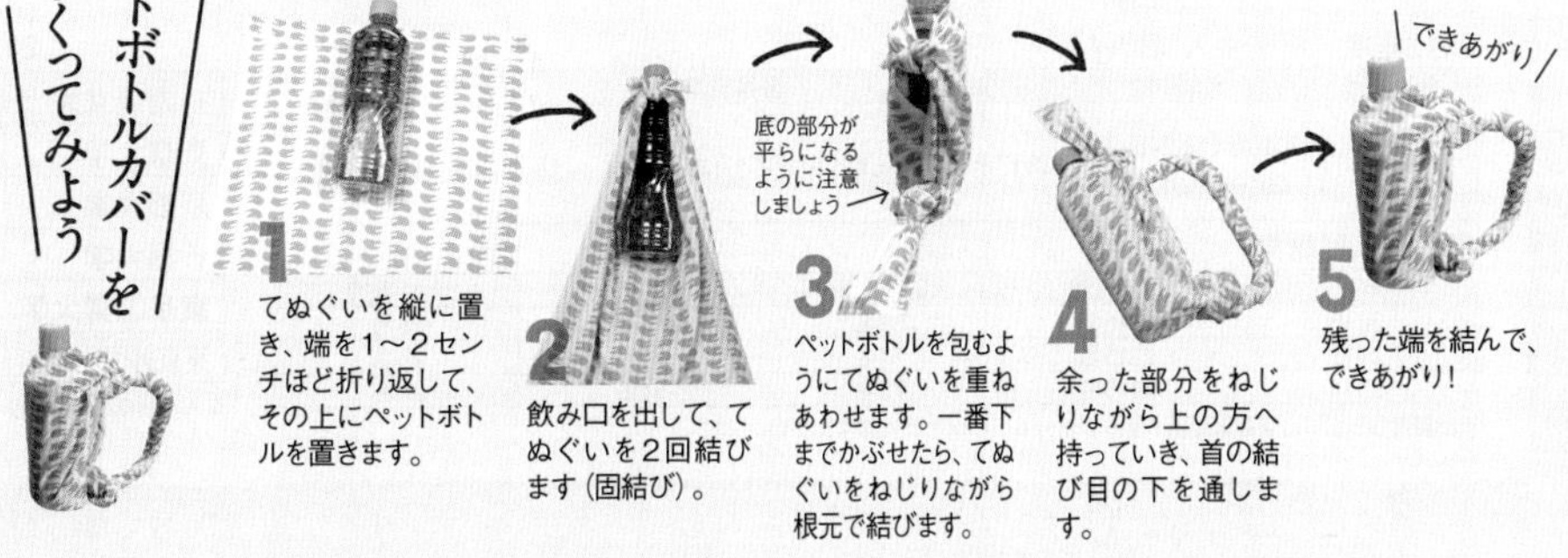

1 てぬぐいを縦に置き、端を1～2センチほど折り返して、その上にペットボトルを置きます。

2 飲み口を出して、てぬぐいを2回結びます（固結び）。

底の部分が平らになるように注意しましょう

3 ペットボトルを包むようにてぬぐいを重ねあわせます。一番下までかぶせたら、てぬぐいをねじりながら根元で結びます。

4 余った部分をねじりながら上の方へ持っていき、首の結び目の下を通します。

できあがり

5 残った端を結んで、できあがり！

生　掲示板

帰国生を積極的に
受け入れている学校紹介など、
帰国後の入試や学習に関する
情報を発信します！

帰国生受入れ校訪問記　学習院女子中等科

学習院女子中等科は、1885年の開設以来、「その時代に生きる女性にふさわしい品性と知性を身につけること」を教育方針として掲げてきました。6年間の学校生活で、人を思いやる心や礼儀作法、美しい言葉づかいを身につけ、社会に貢献できる人間の育成をめざしています。今回、入学後の帰国生の姿や帰国生入試のポイントについて、古山先生と斎藤先生にお話を伺いました。

学習院女子中等科
（東京都/私立/女子校）

海外でのサマースクールや研修旅行、学習院大学・学習院女子大学による出張講義といった生徒の可能性を広げるプログラムを用意しています。今年度中に体育館とプールが一体となった「総合体育館」が竣工予定です。

〒162-8656　東京都新宿区戸山3-20-1
（東京メトロ「西早稲田駅」徒歩2分/東京メトロ「早稲田駅」徒歩10分/JR「高田馬場駅」徒歩20分）
TEL:03-3203-1901
URL:http://www.gakushuin.ac.jp/girl/

■帰国生受け入れのねらい

田畑　1977年から毎年帰国生を受け入れていますが、そのねらいを教えてください。

古山先生　帰国生の良さというのは、一般生にはない海外での貴重な経験や一度母国を離れて海外から母国を見る視点を持っている点だと思います。それらの帰国生特有の視点や経験を「新しい風」として学校に吹き込んでほしい。一般生たちと学業だけでなく、6年間の学校生活を通して、切磋琢磨しながらその良さを学校全体に広めてほしい。そういう思いで帰国生入試を続けています。

田畑　国際交流などの御校の取り組みをお聞かせください。

斎藤先生　帰国生入試で入学してきた生徒たちの中には、将来、留学を考える生徒もいます。現在ではオーストラリアの姉妹校との交流や、イギリスでのサマースクールなど、さまざまな国際交流の機会を用意しています。このような「外への目」を喚起させる取り組みを、本校では継続的に行っています。結果として、帰国生に限らず、一般生も海外に関心を持つようになってきています。

■フォロー体制・進路について

田畑　入学後はどのようなフォローをしていますか。

古山先生　帰国生入試に課されない理科・社会が苦手で、入学後に大変だと感じる帰国生は多いです。ノートの指導を通じ、必要に応じて個別に各教員が対応しています。

田畑　ノートの指導について教えてください。

古山先生　中等科では全生徒に対して、各教科でノートの作成をしっかり指導しています。教員の話を聞いて、それらを自分の言葉でまとめられるようになるためです。その基礎力をまず見せていただくという観点から、入試でも記述問題を課しています。

田畑　進路指導についてお聞かせください。

古山先生　一人ひとりの希望の進路をサポートする方針です。本校に入学する生徒の中には、学習院が大好きで大学まで進学したいという生徒もいれば、医学部、薬学部など学習院大学にはない学部を志望する生徒もいます。学校側としては、それぞれ希望の進路に進めるようサポートをしています。また、「進路ノート」を生徒一人ひとりが持っており、将来どういうことをしたいかについて、時間をかけて書き、考え、自覚して準備するよう指導しています。

■入試のポイント

田畑　御校の帰国生入試の問題は、記述型でレベルが高く、怖気づく生徒もいるようです（笑）。何かアドバイスをいただけますか。

古山先生　本校でお配りしている入試問題集（過去問題集）に、要点の解説を付けています。問題に対して、どのように答えたらよいか載せていますので、ぜひご確認ください。そうして日々の学習に取り組んでいただきますと、良い準備ができると思います。

田畑　面接試験の比重はどの程度でしょうか。

斎藤先生　参考程度に行っています。特に帰国生の場合は、現地での生活の様子やご家庭の教育方針を見たいという理由で継続して実施しています。

■受験生へ期待すること

田畑　受験生とご家族へのメッセージをお願いします。

古山先生　日頃から社会のさまざまな問題についてご家庭でも話し合い、いろいろなことにアンテナを張って物事を考える習慣をつけていただきたいです。

問題を解く練習では、解答を導き出すためにただパターンに当てはめるのではなく、論理的に筋道を立て、自分の言葉で考えて、実際に手を動かしていくことが大切です。本校では、そのような力の育成を大切にしており、受験生の皆さんにも期待しています。

お話　学習院女子中等科　教務課参与　古山　愛子先生
国際交流主任　斎藤　真理子先生
取材　早稲田アカデミー　教育事業推進部国際課　田畑　康

入試情報と合格実績

2017年度　帰国生入試情報

募集人数	出願期間	試験日	合格発表日	選考方法
約15名	2016年11月24日(木)～2016年12月2日(金)	2017年1月21日(土)	2017年1月24日(火)	作文・国語・算数・面接

帰国生入試結果

年度	募集人数	応募者数	受験者数	合格者数
2016	約15名	63名	44名	28名
2015	約15名	71名	40名	25名
2014	約15名	73名	51名	25名

※出願資格などは必ず募集要項や学校のホームページをご確認ください。

2016年度　大学合格実績

国公立大	合格者数
東京大学	2名
京都大学	1名
一橋大学	1名
東京工業大学	1名
東京外国語大学	2名

私立大	合格者数
学習院大学	119名
学習院女子大学	2名
早稲田大学	24名
慶應義塾大学	30名
上智大学	34名

※大学合格実績は全卒業生のもので、帰国生のみの実績ではありません。

海外・帰国相談室　このページに関する質問はもちろん、海外生・帰国生の学習についてなど、ご不明点がございましたら早稲田アカデミーのホームページからお気軽にお問い合わせください。「トップページ」→「海外・帰国生」→「教育相談・資料請求」（自由記入欄に質問内容をご記入ください）

海外の学習体験談や
海外各都市の塾情報など、
海外での学習に役立つような
情報を発信します！

海外生＆帰国

これから海外赴任される方／赴任中の方の「教育・受験についての悩み」を解決!!　第6回

教えて! 田畑先生《タバティー》

帰国子女として、そして海外生・帰国生指導者としての経験をもとに、保護者さまの不安な声にお応えする「教えて!田畑先生」コーナーです。今回は、「夏以降の学習に対するモチベーションの維持」についてアドバイスします!

Q 田畑先生、こんにちは。海外在住、日本人学校に通う小学5年生の保護者です。この夏一時帰国をして、早稲アカで講習会を受講してとても良い刺激を受けました。ですが、こちらに戻ってきて、もとののんびりムードに戻ってきています。夏の緊張感を維持しながら頑張れる良いアドバイスをお願いします!

A 質問ありがとうございます。小学５年生という学年であれば、たとえ「アツい夏」を乗り越えたとしても、2学期になると多かれ少なかれ緩んでしまうものです。だから、我ら早稲アカ熱血講師陣は「夏に頑張った成果を出そう!」という声掛けを多くするようにしています。一方、夏期講習会で習った多くのことが実際に2学期の模擬試験の成績に現れ始める生徒も多くみられる時期になります。

大事なのは、受験に必要なカリキュラムをしっかり守ることです。お近くに日系の学習塾があれば、「小５後期」の内容をしっかり習う必要があります。そして、志望校から逆算したメニューを、塾の先生としっかり作成してください。学習塾がない場合でも、カリキュラムを守る必要があります。ご家庭によってはお父様とお母様が「先生」となるケースもありますし、最近はいろいろな業者さんが「通信教育」や「ネット授業」のサービスを提供しているので、「学習ペースを守る」ことはできるようになってきました。

もうひとつ大事なのは定期的に模擬試験を受けることです。ただカリキュラムをこなすのではなく、模擬試験を受けることで「点数にこだわる」「順位にこだわる」感覚を持ってほしいです。早稲アカが使用している予習シリーズの「四谷大塚」は、海外生向けに映像授業の配信だけでなく「週テスト」も実施していますのでご参考になさってください。

さて、ここまでテクニカルなアドバイスをさせていただきましたが、一番お伝えしたいのは、海外生にとっては「貴い海外経験を充実させる」のが一番大事だということです。語弊を恐れず言うと、「中学受験」は必ずすべきというものではありません。お子様とご家族の海外経験が、「中学入試」という一つの経験を通じて価値があるものになるのでしたら大いに利用していただきたいです。しかし、海外だからこそできる経験は、何物にもかえがたい貴重な宝物であると考えます。そういう意味では、「のんびりムード」もお子様を成長させる要素だとしたら、必ずしも「悪」ではないということです。だからこそ多くの帰国生受験を実施する中学校が、「素晴らしい海外経験を積んできてほしい」というメッセージを発しているのです。

ご参考になれば幸いです。

田畑　康
（早稲田アカデミー教育事業推進部 国際課長）

早稲田アカデミーの複数校舎で10年間勤務。
中３必勝クラスや校舎責任者を務めた後、６年間日系学習塾教室長としてロンドン・ニューヨークで勤務し、帰国。
帰国後も帰国生専門の教室の責任者として４年の勤務。2015年、早稲田アカデミー国際課長に就任。
本人も帰国子女（オーストラリア・マレーシアで合計７年半）。

早稲アカPickUp講座!

9/4(日)開講! **志望校対策英語講座 ～慶應義塾湘南藤沢中等部クラス**

昨年の9月に新規開講し、今年で２年目を迎えるエッセイ講座です。
慶應義塾湘南藤沢中等部だけでなく、渋幕・頌栄・海城などのエッセイ入試にも対応いたします。
授業内での演習や課題の添削といったエッセイ対策はもちろん、面接や他教科のフォローアップも行います。
海外にいて受講が難しい方は、9～12月は「通信添削」という形で受講が可能です。入試直前期のご帰国後は、通塾生と一緒に受験まで切磋琢磨できる授業をご用意します!

【対象】小学6年生
【開講】9～1月　※途中月からの参加可
【日程】日曜日（月2回）
【時間】9:00～12:00
【料金】6,300 円／月　※入塾金10,800円

※詳細は早稲田アカデミーHPをご覧ください。

秋のバラを見に行こう！

神代植物公園
サービスセンター
園芸係長
川村《かわむら》 東文《しのぶ》さん

花束やフラワーアレンジメントには欠かせないバラの花。切り花だけでなく、鉢植えや庭木としても、また香水などの原料としても利用される、身近な花です。
今回は神代《じんだい》植物公園の川村 東文さんに、バラのさまざまな種類について教えていただきました。フラワーショップでは一年中売られているバラですが、多くのばら園の見ごろは春と秋。甘い香りと美しい花を楽しめるばら園に、みなさんも出かけてみませんか？

百花繚乱！ バラの品種

バラは、紀元前にはすでに栽培されていたといわれる、私たちにとってなじみ深い植物のひとつです。

みなさんは、バラにいくつの品種があるか、知っていますか？ バラには、自然に生まれた「野生種（原種）」と、人間が交配などをして生みだした「園芸種」があります。野生種はおよそ200種で、分布しているのはすべて北半球です。日本生まれの野生種も十数種あり、ノイバラなどが有名です。バラには春にだけ咲く「一季咲き」のものと、真冬をのぞいた春〜秋のあいだ咲く「四季咲き」のものがありますが、野生種のうち、四季咲きの性質を持っているのは中国原産の「コウシン（庚申）バラ」だけです。園芸種では、「ラ・フランス」という品種が完全な四季咲きの大輪第1号で、これ以降の系統を特に「現代バラ」と呼び、これより前のものと区別しています。

すべての品種を合わせると、その数はおよそ2万5千種ともいわれます。そして今もなお、新しい品種が盛んに生み出されています。

フランス生まれ、現代バラの祖
ラ・フランス

1867年、中国から持ち出されたコウシンバラの系統品種が別のバラと交雑して生まれた品種で、現代バラの第1号とされています。このラ・フランスの誕生以降、四季咲き・大輪の園芸品種が数多くつくられるようになり、バラの世界は飛躍的に発展しました。

野生種でただひとつの四季咲き
コウシン（庚申）バラ

中国に自生している野生種で、日本にも古くから伝わっていました。「庚申」とは、暦のうえで60日に1回めぐってくる「庚申《かのえさる》」の日のことで、くり返し咲く四季咲きの性質を表した名前です。

神代植物公園で生まれた深紅《しんく》の輝き
クィーン・オブ・神代

神代植物公園のコンクール花壇で金賞を受賞し、2011年に名付けられた新しい品種です。「クィーン・オブ・神代」という名前は、開園50周年を記念して、一般公募から付けられたものです。深い紅色と、バラらしい強く甘い香りは、まさに女王と呼ぶにふさわしい気品と風格にあふれています。

咲いているあいだに色が変わる!?
チャールストン

咲きはじめは鮮やかな黄色い花ですが、時間が経つにつれて色が変化し、咲き終わる頃には花全体が赤色になります（白からピンクに色が変化する品種もあります）。1種類でさまざまな花の表情が楽しめ、またたくさんの花が咲くので、花壇を華やかにします。

モナコ公妃に捧げられた
プリンセス・ド・モナコ

バラの品種には、歴史上の人物や高貴な王族・皇族など、人の名前が付けられることがあります。「プリンセス・ド・モナコ」は、モナコ公国の公妃となった、アメリカ人女優のグレース・ケリーに捧げられた品種です。白地にピンクの縁取りが入った花で、優雅な美しさが人気です。

かわいい小花が
アーチやフェンスを彩《いろど》る
カクテル

赤い一重《ひとえ》咲きの花で、中心の黄色はしだいに白からピンクに変化します。花つきがとてもよく、春から秋まで次々と開花するのも特徴のひとつです。細くしなやかな枝を持つつる性のバラで、庭のフェンスやアーチに仕立てることもできます。

バラの豆知識

バラは草? 木?

バラは、フラワーショップで売られている切り花のイメージが強いかもしれませんが、じつは樹木です。一般的な樹木のように、木が株ごとに自立している木立《こだち》性のものと、枝がつる状に長く伸びるつる性のものがあります。

サクラもイチゴもバラの仲間!?

木の様子や花の形状はまったく異なりますが、実はサクラもバラと同じ「バラ科」の植物です。バラ科の植物には、ほかにナシ、モモ、ビワ、イチゴなどがあります。

バラにまつわることわざ・慣用句

同じバラでも正反対!?

「バラ色」

将来の明るい様子や状態、希望に満ちている様子のたとえ。

「いばらの道」

（バラの生えている道はトゲに妨げられて歩きにくいことから）困難な状況、苦難に満ちた人生のたとえ。

英語では…

「a blue rose」

（青いバラは存在しないことから）不可能。

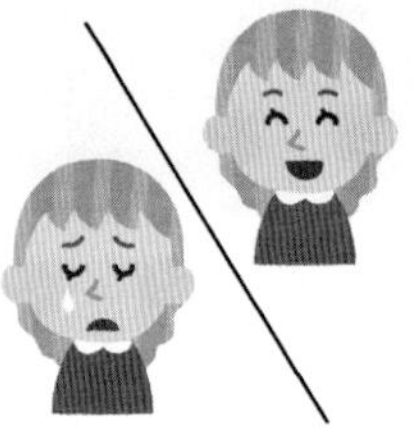

「There is no rose without a thorn.」

訳すと「トゲのないバラはない」。完全な幸福はない、ということ。

バラの見ごろはいつ?

現代バラのほとんどは四季咲きですから、春から秋にかけてはずっと花を楽しむことができます。しかし、ばら園などでは花が咲くサイクルがそろうように剪定《せんてい》をするので、春と秋が見ごろになります。一般的に、どんどん温かくなる時期に咲く春のバラは、一気に花開き、とても華やかです。

一方、秋のバラの魅力は香りと色です。バラの香りは、気温が上がるとすぐに飛んでしまうので、秋の方が長く楽しめます。また、花の色は気温差がある秋の方が、濃く鮮やかになるのです。

＼ 川村さんからのメッセージ ／

約400種・5200株を栽培する神代植物公園のばら園では、今年も「秋のバラフェスタ」を開催する予定です。今は、バラフェスタのころに美しい花を咲かせられるよう、剪定作業を進めています。期間中は気温の低い早朝から開園しますので、すばらしいバラの香りを楽しんでいただけます。また、係員によるガイドツアーやばら園でのコンサートなど、さまざまな催しを計画しているところです。秋のさわやかな空気のなかで、みなさんにバラの魅力を楽しんでもらえればうれしいです。

※「秋のバラフェスタ」については、詳細が決まり次第ホームページ等でお知らせします。

神代植物公園

神代植物公園では、世界バラ会連合優秀庭園賞を受賞したばら園のほか、ぼたん・しゃくやく園、つばき園などが約30ブロックに分かれて配置されており、花や草木を楽しみながら植物について学ぶことができます。また、日本に古くから伝わる園芸品種の保存や栽培など、絶滅危惧植物の保全、生物多様性保全に関する取り組みも行っています。

〒182-0017 東京都調布市深大寺元町5-31-10　TEL 042-483-2300

●開園時間／9:30～17:00（入園は16:00まで）

●休 園 日／月曜日・年末年始（12月29日～翌年1月1日）※月曜日が祝日にあたる場合は、その翌日

●入 園 料／一般500円、中学生200円、65歳以上250円 ※小学生以下、都内在住・在学の中学生無料

●アクセス／京王線「調布駅」から小田急バス吉祥寺駅または三鷹駅行き「神代植物公園前」下車、または京王バス深大寺行き「神代植物公園」下車

※詳細についてはホームページでご確認ください　http://www.tokyo-park.or.jp/park/format/index045.html

空の上にあるもう一つの世界

月にいるのはだれ？

秋の行事のひとつに、「十五夜《じゅうごや》」があります。十五夜とは、旧暦《きゅうれき》8月15日の夜に月をながめる（お月見をする）行事で、「中秋の名月」とも呼ばれています。「あれ、8月15日はもう過ぎたよ…？」と思った人もいるかもしれませんが、私たちが現在使っている暦《こよみ》と旧暦の間には1か月から1か月半ほどのずれがあり、2016年の十五夜は9月15日の夜にあたります。

十五夜には、月をながめるだけでなく、お供《そな》え物をする風習もあります。今でもこの時期になると、スーパーや和菓子店などで〝お月見団子〟が売られていますね。また、地域によっては収穫されたばかりのサトイモを供えることもあるそうです。つまり本来の十五夜は、月の美しさを楽しむだけでなく、秋の実りに感謝する意味も持つ行事なのです。

さて、みなさんは「月にはうさぎがいる」という話を聞いたことがありますか？ 空を見上げてみると、満月の表面には白く光っている部分と暗く影になっている部分があることに気付きます。この影の部分の模様が、餅《もち》つきをしているうさぎのかたちに見えることから、このようにいわれるのです。月のうさぎについては、『今昔物語集《こんじゃくものがたりしゅう》』という本の中に、仏教の世界に伝わる少し悲しいお話が載《の》っています。

【むかし、天竺《てんじく》（現在のインド）の山奥に、猿《さる》と狐《きつね》とうさぎが住んでいました。あるとき、山の中にみすぼらしい一人のおじいさんが倒れていました。そこで、猿は木に登って木の実を集め、狐は人間のお供え物を集めておじいさんに食べさせ、介抱《かいほう》しました。ところが、木に登れず、お供え物も見つけられないうさぎは、おじいさんに食べ物を運んであげることができません。狐と猿は、何もできないうさぎを責《せ》めました。すると、うさぎは猿と狐に「薪《まき》を拾ってきて、火をおこしておくれよ」と頼みました。そして猿と狐が火をおこすと、自らその中に飛び込みました。うさぎは自分の命を捨てて、おじいさんを救おうとしたのです。そのとき、みすぼらしかったおじいさんが、みるみるうちに帝釈天《たいしゃくてん》という神様に変わりました。帝釈天はうさぎの深い優しさと強さに心うたれ、その姿を空高い月の中によみがえらせました。その後、人々は月を見上げるたび、うさぎの優しさを思い出したということです】

中国など、アジアの国や地域でも、日本と同じように月の模様を〝うさぎ〟と見立てています。しかし、世界のほかの場所では別のものに見えているようです。たとえば、南ヨーロッパでは〝片方が大きなハサミのカニ〟、アラビアでは〝ライオン〟などです。何に見えるかは、その土地の習慣や文化、伝えられるお話なども深く関係しているのでしょう。

アポロ11号が月面に着陸し、人類がはじめて月の世界を知ったのが1969年。もう50年近くも前のことです。昔話や神話の時代から科学は大きな進歩をとげ、たくさんの謎が解き明かされてきました。今となっては「月にうさぎがいる」「かぐや姫がいる」と信じている人はほとんどいないでしょう。しかしその一方で、私たちは今でも月をながめ、「きれいだね」と語らいます。月の青白い光を浴びていると、そこにはたしかに不思議な世界が存在すると感じるかもしれません。ものごとを、頭で筋道を立てて理解することと、心で素直に感じること。そのどちらも、とても大切なことだと思います。

秋の夜長、部屋の明かりを消して、虫の声を聞きながら月を眺めてみましょう。「月にはなんで影の部分があるのかな？」「月に帰ったかぐや姫は、おじいさんとおばあさんのこと、覚えてたかな」……頭と心に浮かぶたくさんの疑問が、みなさんを少しずつ大人にするのです。

無料

あなたの夢、目標を応援します！

個別カウンセリング受付中

「学校の授業と受験勉強の両立の仕方がわからない」「志望校には合格したいけれど、習い事や部活動もがんばりたい」「進学塾に通いながら苦手な科目を強化したい」など、勉強に関して悩んでいることがあれば、ぜひ、私たちにお聞かせください。経験豊富なスタッフがどのような悩みについてもアドバイスいたします。もちろん、最新の入試情報も豊富に用意しています！

※ご希望の時間帯でご予約できます。お近くの「MYSTA」、「早稲田アカデミー個別進学館」までご連絡ください。

1:2スタイルの個別指導で夢や目標を実現【早稲田アカデミー個別進学館】

小・中・高 全学年対応／難関受験・個別指導・人材育成

早稲田アカデミー個別進学館

WASEDA ACADEMY KOBETSU SCHOOL

本気

新しい知識を吸収することも、その知識を使いこなす集中力も、すべての原点は生徒たちの“本気”にあります。そこで、【早稲田アカデミー個別進学館】では、生徒たちの“本気”を引き出すのは、講師の“本気”であると考え、日々熱のこもった指導を行っています。

未来

努力の結果、勝ち得た憧れの志望校への合格。その経験を通じて得た“自信”や“自立心”は、これからの人生において大きな糧となるはずです。

生徒一人ひとりが自らの力で“未来”を切り拓ける人物に成長できるよう、まずは「憧れの志望校への合格」までを全力でサポートします。

自立

どんな質問にも答えてくれる塾の講師、精神的に常に支えてくれる家族—。確かに、つらく厳しい受験勉強を乗り切るには、周りのサポートが必要です。しかし、入学試験当日は、教えてくれる人もいなければ、優しく見守ってくれる人もいません。だからこそ、入試本番で実力を発揮するためには、「自らの力で受験に立ち向かってきた」という自信が必要なのです。

そこで、【早稲田アカデミー個別進学館】では、生徒たちの自信を培うために、講師1人に対して生徒2人という、「1：2スタイルの個別指導」を考案。この指導方法により、「自分で考え解決する力」と「自ら課題を見つける姿勢」、すなわち“自立”を促す指導を行っています。

「自ら課題を見つける姿勢」を養う

生徒の「自ら課題を見つける姿勢」を養うため、目標達成シート、学習予定表、自立学習シートの3つからなる「PaFE（自立学習支援ツール）」を用意。

- 目標達成シート
  塾・保護者・生徒の間で目標を共有するためのシート
- 学習予定表
  生徒一人ひとりの授業や宿題予定を管理する予定表
- 自立学習シート
  授業の冒頭に、その日の授業の目標を生徒自身に確認させ、授業終了時にその日の理解度や課題をチェックさせるためのシート

「自分で考え解決する力」を養う

教えてもらう時間

- 早稲田アカデミーで培った指導
- 難関校対策ならではの知識や解法
- 一人ひとりの理解度に合わせた解説

90分の授業内で繰り返し

自分で解く時間

- 講師からの適切な問題指示
- 落ち着いた学習環境、適度な緊張感
- 自ら解き進めることによる定着

夢や目標別のコースが充実！

小学生・中学生は、早稲田アカデミー準拠の指導で難関校合格を目指す人向けの『Wコース』、内部進学を目指す人向けの『中高一貫コース』、集団塾と併用して難関中高合格を目指す人向けの『塾併用コース』の３コースから、高校生は先の3コースに『推薦・AO入試対策』を加えた4コースから選ぶことができます。

たとえば、『Wコース』は毎年圧倒的な合格実績を残している早稲田アカデミーの集団校舎のノウハウを個別指導用にカスタマイズしたもので、「習い事や部活があるので塾に通えない」と悩んでいる生徒には最適のコースです。また、『塾併用コース』は集団授業を受けながら、【早稲田アカデミー個別進学館】で苦手な科目だけを受講する、または、得意な科目をさらに伸ばすためにハイレベルな内容を学習するなど、目的に応じた指導が受けられます。早稲田アカデミー以外の進学塾との併用ももちろん可能ですが、早稲田アカデミーとの併用であれば、指導方法が同じであること、また、早稲田アカデミーと【早稲田アカデミー個別進学館】の講師が情報を共有しながら指導を行うので、より学習効果が得られます。

小・中・高 全学年対応／難関受験・個別指導・人材育成
早稲田アカデミー個別進学館
WASEDA ACADEMY KOBETSU SCHOOL
お問い合わせ・お申し込みは最寄りの個別進学館各校舎までお気軽に

東京都
池袋西口校 03-5992-5901
池袋東口校 03-3971-1611
大森校 03-5746-3377
荻窪校 03-3220-0611
御茶ノ水校 03-3259-8411
吉祥寺校 0422-22-9211
木場校 03-6458-5153
三軒茶屋校 03-5779-8678
新宿校 03-3370-2911
立川校 042-548-0788
月島校 03-3531-3860
西日暮里校 03-3802-1101
練馬校 03-3994-2611
府中校 042-314-1222
町田校 042-720-4331

神奈川県
新百合ヶ丘校 044-951-1550
たまプラーザ校 045-901-9101
武蔵小杉校 044-739-3557
横浜校 045-323-2511

埼玉県
大宮校 048-650-7225
川越校 049-277-5143
北浦和校 048-822-6801
志木校 048-485-6520
所沢校 04-2992-3311
南浦和校 048-882-5721
蕨校 048-444-3355

千葉県
市川校 047-303-3739
千葉校 043-302-5811
船橋校 047-411-1099

茨城県
つくば校 029-855-2660

新規開校
国立校 042-573-0022

難関中高大へ圧倒的な合格実績を誇る早稲田アカデミーの個別指導

【早稲田アカデミー個別進学館】と【個別指導MYSTA】

一人ひとりの個性や夢、目標に合わせてカスタマイズできる【早稲田アカデミー個別進学館】と【個別指導MYSTA】

早稲田アカデミーは、ふつうの学力の生徒を『本気でやる子』に育てることにより、生徒自らが望む憧れの難関校合格を実現させることを第一の目的とする進学塾です。

そんな早稲田アカデミーが「より多くの子どもたちの夢や目標をかなえたい」と誕生させたのが進学個別指導塾、【早稲田アカデミー個別進学館】と【個別指導MYSTA】です。このふたつの進学個別指導塾に共通するのは、難関校へ圧倒的な合格実績を誇る早稲田アカデミーならではの教材と指導ノウハウ、情報を活用しながらも、生徒一人ひとりに合わせた指導を行うことです。また、どちらもお子様のご都合に合わせて受験回数や曜日・時間帯をお選びいただけますので、習い事・部活との両立や集団塾との併用も可能です。

早稲田アカデミー個別進学館
個別指導MYSTA

＝

実績あるカリキュラム
教材は早稲田アカデミーの集団授業と同じものを使用。生徒一人ひとりの学習状況や志望校に合わせてカリキュラムを作成します。

×

講師の指導力
早稲田アカデミーと同じ指導ノウハウを取得した講師が勢ぞろい！生徒たちに“本気”で向き合うことで『本気でやる子』を育みます。

×

合格への情報量
毎年、難関校に数多くの合格者を輩出している早稲田アカデミーには膨大なデータが蓄積されています。その過去のデータと最新の情報をもとに進路指導を行います。

3つの学習コースのなかから目的や性格に合わせて選べる【MYSTA】

MYSTA 早稲田アカデミー 個別指導マイスタ

【MYSTA】の一番の特徴は、生徒の目的や性格に合わせて学習コースが選べることです。また、学習コース、受講科目や受講回数も月ごとに変更することが可能なため、効率良く実力をつけることができます。さらに、【MYSTA】では、生徒本人やご家庭の要望をヒアリングし、まず、入塾後1ヶ月間は見極め授業期間としてその条件にあう数名の講師が授業を担当。その後は、指名した講師による授業を受けることが可能です（SVコース・SRコースのみ）。

3つの学習コース ※いずれのコースも80分授業（小1～小3は60分授業）

SVコース 講師1：生徒1（完全個室） 超難関中高大受験指導
御三家中学、国立・開成高や早慶高、東大・早慶上智大合格を目指す人のためのコース。早稲田アカデミーが難関中高大受験に向けての指導システム・カリキュラム・教材を全面的にバックアップしています。

SRコース 講師1：生徒1（個人ブース）
学習の習熟度を徹底的に深めたい人や、遅れを一気に取り戻したい人のためのコース。一人ひとりの目的や成績に応じたきめ細かな指導を行います。

Rコース 講師1：生徒2（個人ブース）
「演習」と「解説」を繰り返すことによって、自ら考え、学ぶ姿勢を育てるためのコース。教わる時間と問題を解く時間を交互に設定することによって、メリハリのある効果的な授業を行います。

MYSTA 早稲田アカデミー 個別指導マイスタ

お問い合わせ・お申し込みは
最寄りのMYSTA各教室までお気軽に

渋谷教室	03-3409-2311	巣鴨教室	03-5394-2911	国分寺教室	042-328-6711
池尻大橋教室	03-3485-8111	平和台教室	03-5399-0811	戸田公園教室	048-432-7651
高輪台教室	03-3443-4781	石神井公園教室	03-3997-9011	新浦安教室	047-355-4711
池上教室	03-3751-2141	武蔵境教室	0422-33-6311	津田沼教室	047-474-5021

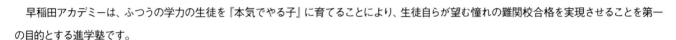

ここは、子育ての悩み相談や、ママ必見のレシピ紹介、

日々のちょっとした出来事など、

小学生のお子様を持つ、パパ・ママのための

意見交換の場です。

みなさまからの投稿おまちしています!

ぱぱまま掲示板

サクセス12の読者が作る「ぱぱまま掲示板」。
みなさまからいただいた投稿・アンケートをもとにしてお届けいたします。

現在の第一志望は進学校派? 付属校派?

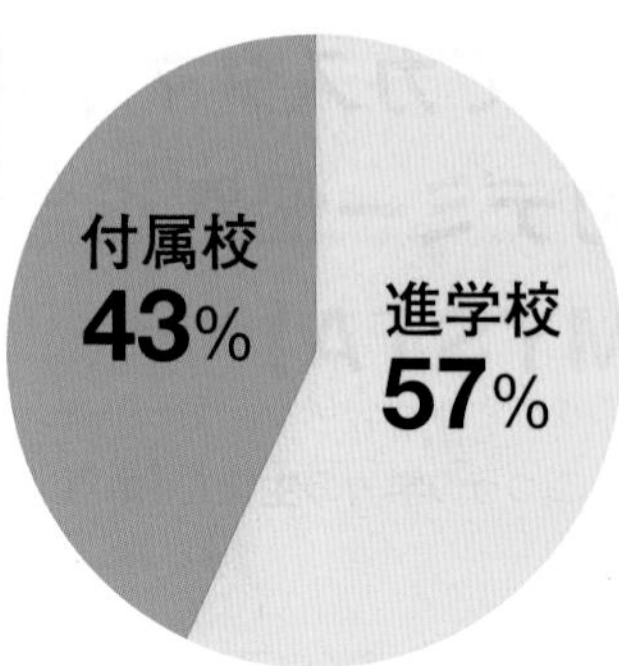

進学校派

●どちらも良い所があるので悩み中ですが、気持ちは進学校に傾いてきています。中・高6年間で将来進みたい道がかわることもあるだろうし、緊張感があるからです。（埼玉県　C・B510さん）

●中学生、高校生の時期は一番変化の大きい年代だと思います。その時期に自分の将来についてしっかりと考え、進んでいくためには、進学校を選び、選択の幅を広げてほしいと思っています。（東京都　AKさん）

付属校派

●中・高時代は受験勉強でなく、興味のある事をじっくりと勉強してほしい。（東京都　ぶたろうさん）

●本人が付属校を望んでいることに加えて、私も受験を気にせず様々なことに取り組んでほしいと考えているからです。（東京都・けんちゃんさん）

【編集部より】わずかながら進学校を第一志望として考えている方が多い結果となりました。お子様に合った志望校を選択できるように私たちも誌面を通してお手伝いさせていただきたいと思います!

おすすめの学習スポット

●「はまぎんこども宇宙科学館」は、下の子がいても遊具のような展示物があるので兄弟で楽しめる。ラボや内容もしっかりしている。（東京都　KOUmamaさん）

【編集部より】展示内容が難しくても小さなお子さんも楽しめる工夫があると家族みなでのお出かけが楽しくなりますね!

●「江戸東京博物館」がおすすめです。小学校で江戸時代について学習するタイミングで出掛けるのが特におすすめです。実際の街の様子や大きなおすしなど、子どもの興味をひく展示がたくさんあるため、その後の学習意欲もアップするかも!?（東京都　ななちゃんさん）

【編集部より】教科書にはのっていない江戸時代の歴史に触れることで、学習意欲や想像力がかき立てられそうですね。

●まだ行ったことはないのですが、千葉県にある「伊能忠敬記念館」を見てみたいです。晩年において偉業を成し遂げたという努力と情熱にあやかりたい。（神奈川県　ピチュりんさん）

【編集部より】55歳から17年間かけて全国測量を行った偉業はまさにすごいの一言! 私もその情熱にあやかりたいものです!

けんかの理由・仲直りする方法

●夫婦で言わなくてもいいことをつい言ってしまうことがあります。ちょっと違うかな?と思っても「そうだね」とあいづちを打ち、感情的にならないように気をつけています。（埼玉県　Iさん）

【編集部より】相手を肯定する、という思いやりが夫婦円満の秘訣ですね!

●母が私のことをばかにすると怒りがたまってけんかになります。深呼吸するように心がけ、手紙で謝罪して仲直りするようにしています。（埼玉県　コミピョンさん）

【編集部より】面と向かってはなかなか言えない気持ちも、手紙にすれば素直に伝えられそうですね。

●私は弟がいてよくケンカをするのですが、その時は何かを使って勝負します。例えば、将棋で勝ち負けをはっきりさせることでお互いに気持ちがすっきりします。（千葉県　小5女子）

【編集部より】きっとケンカするほど仲の良い姉弟なのでしょうね。ケンカをしても将棋で勝負をしている間に気持ちも落ち着いてきそうです!

油で揚げないからヘルシー!!

簡単・時短メニュー!

コロコロ かぼちゃコロッケ

【材料】
かぼちゃ…1/4個
砂糖…大さじ1
醤油…小さじ2
パン粉…適量

【作り方】
① かぼちゃは種とわたを取り、一口大の乱切りにし、皮をところどころ削る。
② ①を柔らかくなるまでレンジで加熱し（600Wで5分程）熱いうちにマッシャーなどで潰し砂糖、醤油を加える。
③ ②をクルクルと丸めて成形しておく。
④ パン粉をきつね色になるまでフライパンで炒め衣を作り、③につけて完成。

★可愛いピックをつけてパーティーにも

クイズ

クイズに答えて
プレゼントを
もらっちゃおう！

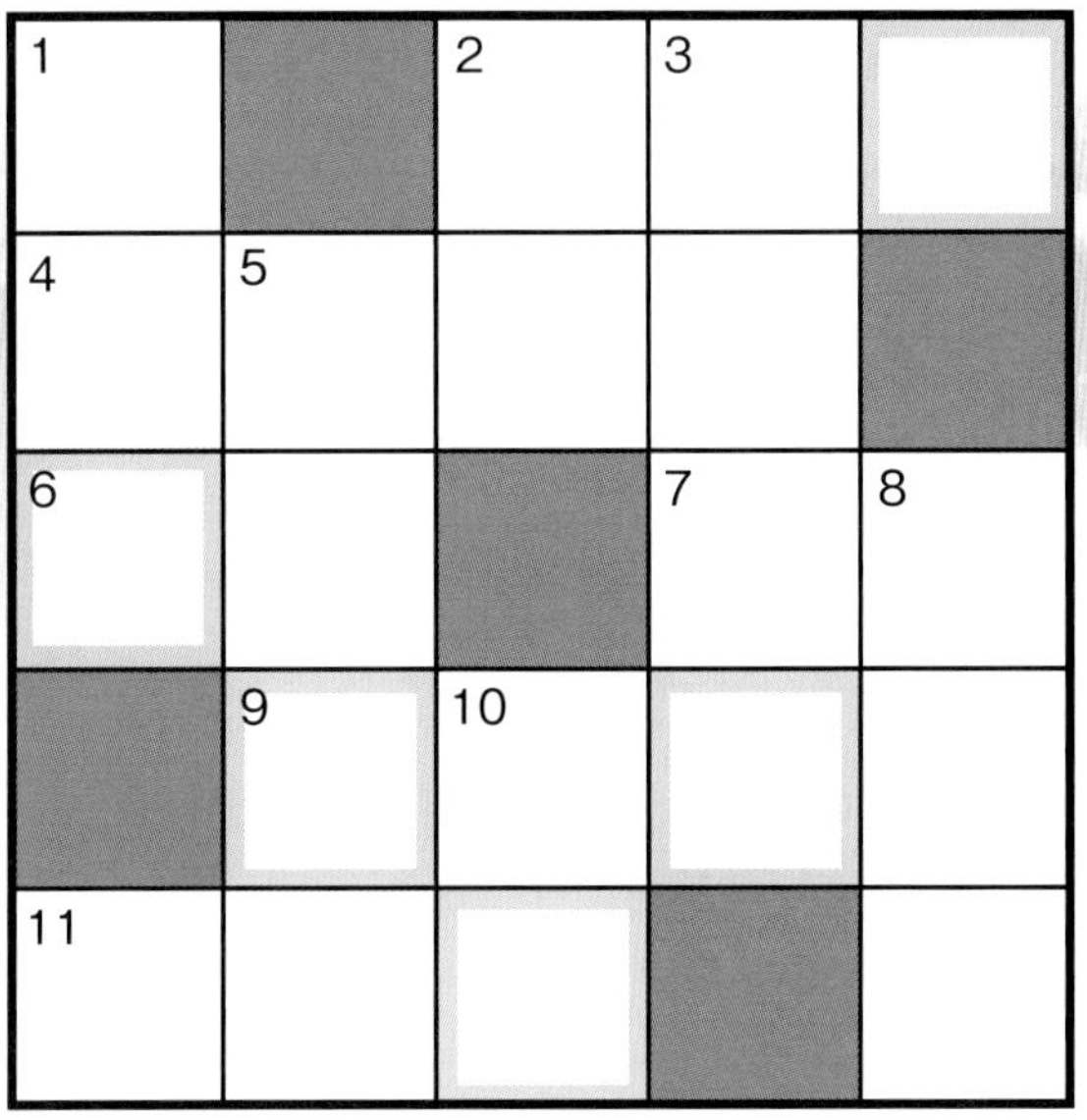

クロスワードを解いて、□の文字を並び替えてみよう。どんな言葉になるかな？

■たて

1.色の三原色のひとつ。英語では「yellow」

2.午後三時のおやつとして食べられることの多い軽い食品。「○○パン」

3.紀行文「奥の細道」で有名な江戸時代前期の俳人。「松尾○○○○」

5.専門的な知識や技術、やり方のこと。
「仕事の○○○○を教わる」英語では「know-how」

8.主にスコットランド原産の犬種。
もともとは牧羊犬として活躍していた。（写真）

10.二つで一組になっているもの。「○○になる」「○○をなす」

■よこ

2.荷物の運搬を目的とした手提げ、肩掛けなどの形態を持つ服飾雑貨。
「バッグ」ともいう。

4.十二支のひとつ「亥」。「猪突猛進」という四字熟語のモデルになった動物。

6.人にきかせるために感情を込めて文章を読むこと。「○○どく」

7.左右の方向。たての対義語。

9.年が変わって最初にものを売り出すこと。

11.ヘイワード、ゼスプリゴールドなどの品種があるフルーツで、名前の由来は
ニュージーランドの国鳥からきているともいわれている。

● 7･8月号正解／すいかわり

編集室のつぶやき

▶受験勉強を続けていると、多くの人が経験するスランプ。しかし、そこで悩み立ち止まってはいけません。顔を上げて、遠くにある目標をしっかり見据え、少しでも前に進んでください。その努力の積み重ねが、きっと目標へと近づけてくれるはずです。（TK）

▶各中学校では文化祭や体育祭など、さまざまな学校行事が行われる時期でもあります。志望校はもちろん、気になっている学校に足を運んでみるのはいかがでしょうか。（AO）

▶「バラの品種はこんなにたくさんあるんだ！」…記事をつくるたび、新しい発見に出会えます。『サクセス12』がみなさんにとっても新しい世界への入り口となれるよう、これからもがんばります！（TH）

▶2学期が始まりました。これから運動会や遠足などの行事が実施される学校も多いと思います。ぜひ実りの多い秋を過ごしてください。（AG）

▶毎号、みんなから届くアンケート。「面白かった！」「勉強になった！」という声が私たちのやる気につながっています。知りたいこと、取りあげてほしいことがあったら、どんどん教えてくださいね。（KO）

▶いまどきのてぬぐいの素敵さにびっくり！しかも吸水性がよく、手入れも簡単で実用的。野球やサッカー、キュートな縁起物など、お友達や子どもへプレゼントしたくなりました。（TT）

▶かぼちゃコロッケのレシピは甘めになっていますが、お砂糖を控えて中にチーズを入れたりベーコンを混ぜたりするとおかずにもぴったり！ぜひアレンジも楽しんでください。（MS）

プレゼント

正解者の中から抽選で
以下の商品をプレゼント!!

A賞 DVD 1名

マダガスカルシリーズを3本セットにして
1名様にプレゼント！

20世紀フォックス ホーム エンターテイメント ジャパン
※（C）2014 Twentieth Century Fox Home Entertainment LLC. All Rights Reserved.

マダガスカル スペシャル・エディション　マダガスカル2 スペシャル・エディション　マダガスカル3

DVD発売中　¥1,800＋税

B賞 書籍（2冊セット） 5名

これまでに「私学の図書館」で紹介された書籍を2冊セットにしてプレゼント。どんなセットかは、届いてからのお楽しみ！

くちぶえ番長
著　者：重松清
発行元：新潮文庫刊

C賞 ミニクリーナー 10名

ころころ指で転がすだけで机上のごみをお掃除してくれる、便利でかわいい車型ミニクリーナー。

商品問い合わせ先：
株式会社デザインフィル
ミドリカンパニー
www.midori-japan.co.jp

※写真はイメージです。実物とは異なります。

応募方法

●FAX送信用紙で

裏面にあるFAX送信用紙に必要事項をご記入のうえ下記FAX番号にお送りください。

FAX.03-3590-3901

●バーコードリーダーで

スマートフォン・携帯電話で右の画像を読み取り、専用の入力フォームからお送りください。裏面のFAX送信用紙に記載されているアンケートにもお答えください。

●ハガキ・封書で

クイズの答えと、住所、電話番号、氏名、お通いの塾・校舎などをご記入いただき、下記宛先までお送りください。また、裏面のFAX送信用紙に記載されているアンケートにもお答えください。
サクセス12への感想もお待ちしています。

宛先／〒171-0014　東京都豊島区池袋2-53-7
早稲田アカデミー本社広告宣伝部　『サクセス12』編集室

【個人情報利用目的】
ご記入いただいた個人情報は、プレゼントの発送およびアンケート調査の結果集計に利用させていただきます。

【応募〆切】
2016年9月30日（金）必着

当選者の発表は、プレゼントの発送をもってかえさせていただきます。

サクセス12　9・10月号　vol.62

編集長
喜多　利文

編集スタッフ
太田　淳
細谷　朋子
後藤　彰文
岡　清美
伊藤　博志
竹内　友恵
鈴木　麻利子

企画・編集・制作
株式会社 早稲田アカデミー
サクセス12編集室（早稲田アカデミー 内）
〒171-0014 東京都豊島区池袋2-53-7

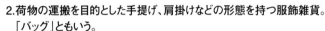

FAX送信用紙

※封書での郵送時にもご使用ください。

クイズの答え □□□□□	希望賞品（いずれかを選んで○をしてください） A賞 ・ B賞 ・ C賞

氏名（保護者様） （ペンネーム　　　　　　）	氏名（お子様） （ペンネーム　　　　　　）	学年

現在、塾に 通っている　・　通っていない	通っている場合 塾名 （校舎名　　　　　　）

住所（〒　　　-　　　　）	電話番号 （　　　　）

面白かった記事には○を、つまらなかった記事には×をそれぞれ3つずつ（　　）内にご記入ください。

FAX.03-3590-3901

FAX番号をお間違えのないようお確かめください

サクセス12の感想

中学受験　サクセス12　9・10月号2016

発行／2016年8月28日 初版第一刷発行　発行所／（株）グローバル教育出版 〒101-0047 東京都千代田区内神田2-4-2　編集／サクセス編集室 電話03-5939-7928 FAX03-5939-6014

【個人情報利用目的】ご記入いただいた個人情報は、プレゼントの発送およびアンケート調査の結果集計に利用させていただきます。